铁路货运岗位作业培训教材

铁路集装箱运输

《铁路货运岗位作业培训教材》编委会　编

中国铁道出版社有限公司

2021年·北　京

内容简介

本书为《铁路货运岗位作业培训教材》中的一种，主要包括概述、基本作业、系统操作、设备设施、安全案例及防控措施等内容，并在附录中提供了集装箱运输各种常用资料。本书立足国家职业标准、铁路行业标准、规章制度的要求，结合新技术、新设备、新业务的发展与运用，重点突出铁路集装箱运输应知应会、实作技能、应急处置、案例分析，具有较好的实用性。

本书可供铁路集装箱运输作业相关人员培训与自学使用，也可作为相关管理人员的参考用书。

图书在版编目(CIP)数据

铁路集装箱运输/《铁路货运岗位作业培训教材》编委会编.—北京:中国铁道出版社有限公司，2021.8

铁路货运岗位作业培训教材

ISBN 978-7-113-28051-2

Ⅰ.①铁… Ⅱ.①铁… Ⅲ.①铁路运输-货物运输-集装箱运输-教材 Ⅳ.①U294.3

中国版本图书馆 CIP 数据核字(2021)第 114632 号

书　　名:铁路集装箱运输
作　　者:《铁路货运岗位作业培训教材》编委会

责任编辑:聂宏伟　　　**编辑部电话**:(010)51873024
封面设计:郑春鹏
责任校对:苗　丹
责任印制:高春晓

出版发行:中国铁道出版社有限公司(100054,北京市西城区右安门西街 8 号)
网　　址:http://www.tdpress.com
印　　刷:国铁印务有限公司
版　　次:2021 年 8 月第 1 版　2021 年 8 月第 1 次印刷
开　　本:880 mm×1 230 mm 1/32　印张:5.75　字数:107 千
书　　号:ISBN 978-7-113-28051-2
定　　价:28.00 元

编委会

前　言

当前，我国铁路事业实现了长足发展，高速铁路、高原铁路、高寒铁路、重载铁路等领域技术已达到世界领先水平。近年来，一批新建和改造的货场、物流基地投产，货车、装卸设施设备更新升级，货运信息化建设水平提高，都为货运发展植厚了根基，同时也对货运系统职工队伍素质提出了新的更高要求。

人才培养，是新时代提高服务质量、保障运输安全的基石；职工培训，是满足铁路向现代物流企业转型、提供高素质技能人才支撑的重要途径。铁路货运业务涉及范围广，岗位工种分类细，规章数量多、关联性强、修改频繁，迫切需要梳理和建立一套完善的专业培训教材。教材不仅是劳动者终生教育和职业生涯发展的主要工具，而且是提高培训质量的重要保障。为此，广州局集团公司聚焦“交通强国、铁路先行”，组织开发了实用性、针对性、操作性强的《铁路货运岗位作业培训教材》。

《铁路货运岗位作业培训教材》由广州局集团公司货运部、职工培训部共同牵头组织，广州货运中心、长沙货运中心、衡阳职工培训基地分工负责，集中了优秀工程技术人员、工匠、首席技师编写及审定。教材涵盖了铁路货运基础知识、铁路货运票据电子化、铁路货运劳动安全、货物装载加固及超限超重运输、铁路集装箱运输、铁路鲜活货物运输、铁路货物班列运输、铁路货车篷布运用、铁路专用线货物运输、铁路货物保价及损失处理、特种设备和特种作业、铁路货运计量安全检测设备运用、铁路抑尘作业、铁路货物运输计费 14 个方面的专业内容。教材坚持继承与创新相结合，充分体现了新技术、新设备、新业务的发展与运用；教材坚持科学性与规范性，依据铁路行业标准的基本要求编写，准确体现了国家职业标准、铁路行业标准、规章制度的要求；教材坚持实用可行性原则，重点突出了应知应会、实作技能、应急处置、案例分析，既便于现场职工培训与自学，又利于管理人员提高工作水平。

本套教材适用于货运各工种适应性培训，也适用于职工新职、转岗、晋升的资格性培训和职业技能鉴定培训。在教材编写与审定过程中，得到了湖南高速铁路职业技术学院、北京扬天科技有限公司以及广州局集团公司有关部室、单位的大力支持，在此一并表示感谢。

《铁路货运岗位作业培训教材》编委会

2021 年 5 月

目　录

第一章 概 述

集装箱运输是指以集装箱为载体，将货物集合组装成集装单元，以便在现代流通领域内运用大型装卸机械和大型载运车辆进行装卸、搬运作业和完成运输任务，从而更好地实现货物“门到门”运输的一种新型、高效率和高效益的运输方式。集装箱运输能更好地保证货物运输安全和提高运输效率，是世界各国货物运输发展的方向。

第一节 定 义

铁路集装箱采用国际标准化组织定义，指具备下列条件的运输设备：

(1)具有足够的强度，在有效使用期内可以反复使用；

(2)适于一种或多种运输方式运送货物，途中无需倒装；

(3)设有供快速装卸的装置，便于从一种运输方式转到另一种运输方式；

(4)便于箱内货物装满和卸空；

(5)内容积不小于 $1\,m^3$。

集装箱不包括车辆和一般包装。

集装箱的定义，在各国的国家标准、各种国际公约和文件中，有多种解释，共性为：其专供周转使用、便于机械作业和运输，是具有一定强度和刚度的大型货物容器。

第二节 种 类

集装箱可以按长度、箱主、标准、所装货物种类和箱体结构等进行分类。铁路运输的集装箱，也主要按以上进行分类。

1. 按长度分类

20 英尺箱、40 英尺箱、45 英尺箱以及经国铁集团货运部批准运输的其他长度的集装箱。

2. 按箱主分类

铁路箱和自备箱，其中铁路箱是承运人提供的集装箱，自备箱是托运人自有或租用的集装箱。

自备箱上路运输相关要求：

(1)承运人应向托运人告知自备集装箱安全相关规定及注意事项，重点告知托运人不得瞒报箱型/类、不得虚报重量及不得匿报品名或夹带危险品、不得提供虚假的箱内货物装载示意图和报废箱不得上路运输等内容。

(2)严格按照《通用集装箱在铁路车站检查的技术要求》(TB/T 3207—2008)对集装箱箱体进行检查，发现其外观、大小、箱门等与通用集装箱有异的或疑似报废箱的，应核查集装箱证书或船级社的相关证明文件。

(3)自备箱按中欧班列挂运时，托运人须提供箱体质量良好的承诺书，办理站要重点检查箱底部横梁有无明显裂痕等情况。

3. 按标准分类

按是否符合国家标准或行业标准分为：标准箱和非标箱。

非标铁路箱由国铁集团货运部公布运输条件后，方可上路运输。非标自备箱办理海铁联运、国际铁路联运(发站或到站为港口站、国境站)以及管内运输的，由发送铁路局集团公司确定运输条件，确保满足运输安全要求后方可上路运输；其他由发送铁路局集团公司提出运输条件，报国铁集团货运部公布后方可上路运输。

非标自备箱、改造箱在集团管内运输前，托运人须提供集装箱证书、运输条件说明等资料，由货运站段审核通过，经安全风险研判具有可行性后，提出具体运输条件和装运方案报集团公司货运部，集团公司货运部研究后予以公布执行。其他情况须按《铁路集装箱运输规则》相关规定执行。

4. 按货物种类和箱体结构分类

按所装货物种类和箱体结构分为普通货物箱和特种货物箱。普通货物箱包括通用箱和专用箱，专用箱包括封闭式通风箱、敞顶箱、台架箱和平台箱等；特种货物箱包括保温箱、罐式箱、干散货箱和按货物种类命名的集装箱等。相关要求：

(1)特种货物箱、专用箱上路运输须执行《铁路集装箱和集装箱平车装运方案的通知》相关规定，该装运方案中未明确的专用箱和特种货物箱，比照非标箱执行。

(2)铁路局属 20 英尺 35 t 敞顶集装箱跨局调用时，各货运站段、集装箱办理站须建立局属敞顶箱、篷布出局使用台账，并及时跟踪敞顶箱、篷布回送情况。

5. 常见铁路集装箱图例(图 1-2-1～图 1-2-6)

图 1-2-1　通用箱

图 1-2-2　干散货箱

图 1-2-3　罐式箱

图 1-2-4　敞顶箱

图 1-2-5 板架箱

图 1-2-6 保温箱

第三节 标记和技术参数

1. 集装箱结构及各部件名称

集装箱结构及各部件名称如图 1-3-1～图 1-3-5 所示。

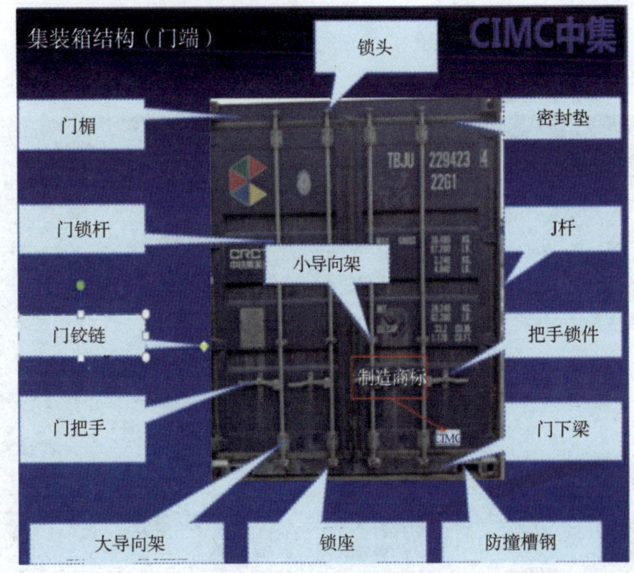

图 1-3-1 集装箱门端

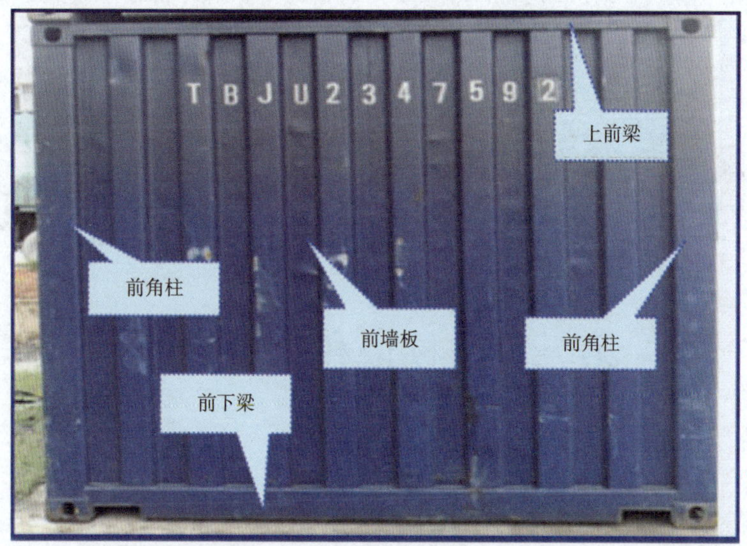

图 1-3-2　集装箱结构——前端

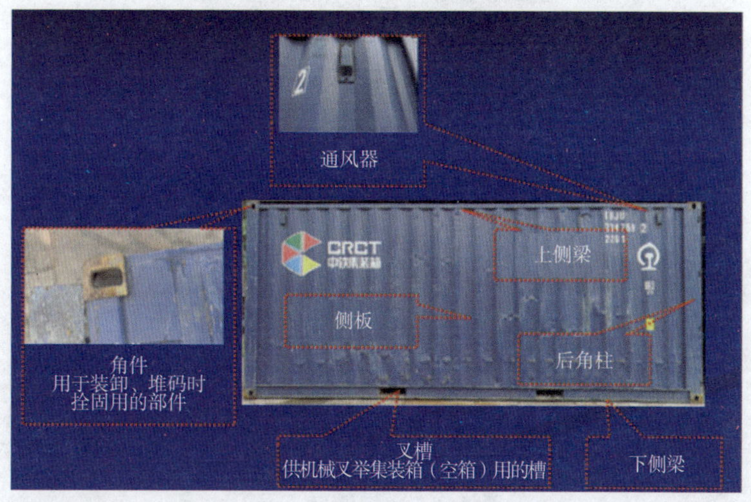

图 1-3-3　集装箱结构——侧板

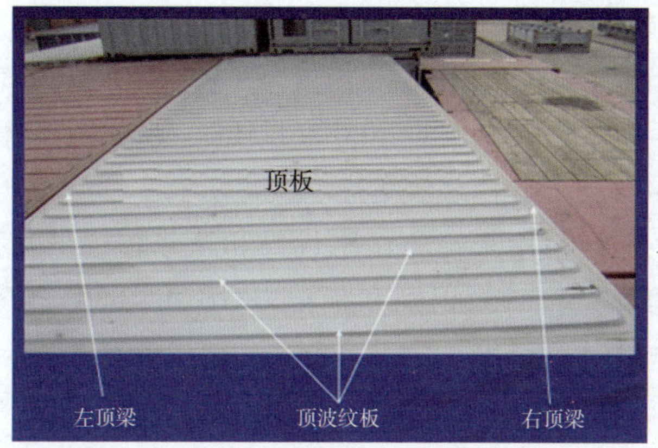

图 1-3-4 集装箱结构——顶板

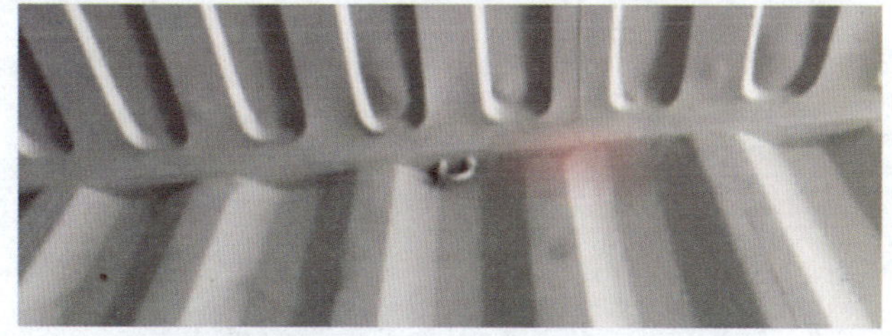

图 1-3-5 固货装置——锚固点、拴缚点

2. 集装箱箱体标记

铁路通用集装箱标记如图 1-3-6 所示。

(1)箱主代码

集装箱箱主代码由经国际集装箱局(BIC)注册的三个大写拉丁字母组成。

(2)设备识别码

设备识别码是由 1 个大写拉丁字母表示:U 表示所有集装箱,J 表示集装箱所配置的挂装设备,Z 表示集装箱拖挂车和底盘挂车。

(3)箱号

箱号由 6 位阿拉伯数字组成。如果不足 6 位时,应在前面置 0 以补足 6 位(例如:箱号为 1234 时,则以 001234 表示)。

(4)校验码(核对数字)

校验码是用来检验箱主代码和箱号传递的准确性,可按《集装箱代码、识别和标记》(GB/T 1836—1997)确定的方法计算得出。

(5)尺寸代码

集装箱的尺寸(外部尺寸)代码必须用两位字符表示:

第 1 位:用数字或拉丁字母表示箱长。20 英尺为 2,40 英尺为 4,45 英尺为 L。

图 1-3-6 铁路通用集装箱标记图

第 2 位:用数字或拉丁字母表示箱宽和箱高。20 英尺通用箱为 0,40 英尺通用箱为 5,20 英尺 35 t 敞顶箱(2 591 mm)为 L,20 英尺 35 t 敞顶箱(2 896 mm)为 N。

(6)箱型代码

集装箱的箱型及其特征由两位字符表示:

第 1 位:用 1 个拉丁字母表示箱型;通用箱为 G,干散箱为 B,敞顶箱为 U,罐式箱为 T。

第 2 位:用 1 个数字表示箱型特征。

(7)额定质量和空箱质量

最大总质量用 MAX GROSS 或 MGW 表示,空箱质量用 TARE 表示,两者均以 kg(千克)和 b(磅)标记。

图 1-3-6 中箱体标记解释:TBJU 7187250 45G1

TBJ:箱主代码:中国铁路;

U:设备识别码:集装箱;

718725:箱号;

0:校验码;

4:箱长,40 英尺;

5:箱宽和箱高,箱高 2 896 mm,箱宽 2 438 mm;

G:箱型:通用箱;

1:该箱形特征,货物上部空间设有透气孔。

常用铁路集装箱箱主代码和识别码:铁路通用集装箱 TBJU、铁路罐式集装箱 TBGU、铁路干散货集装箱 TBBU 等。

(8)箱体铭牌

箱体铭牌(图 1-3-7)解释:

图 1-3-7　集装箱铭牌图

①CSC SAFETY APPROVAL：CSC 安全合格；

②CN/CCS/NJ004/09：中国船级社于 2009 年批准生产；

③DATE MANUFACTURED 03/2009：生产年月为 2009 年 3 月；

④IDENTIFICATION NO.：集装箱箱主代码和箱号 TBJU3510385；

⑤MAXIMUM GROSS WEIGHT：最大营运总重 30 480 kg(67 200 磅)；

⑥ALLOW. STACK. WT. 1. 8G：对 1. 8 g 的允许堆码重量 192 000 kg(423 280 磅)；

⑦RACKING TEST LOAD VALUE：横向刚性实验值；

⑧FIRST MAINTENANCE EXAMINATION DATE：出厂后首次检验年月。

3. 集装箱技术参数

铁路集装箱技术参数见表 1-3-1。

表 1-3-1 铁路集装箱技术参数

箱型箱类		标记最大总重（t）	自重（t）	最大允许载重（t）	箱主代码	外部尺寸(mm)			内部尺寸(mm)			容积（m^3）
						长	宽	高	长	宽	高	
20英尺	通用标准箱	30.48	2.24	28.24	TBJU	6 058	2 438	2 591	5 898	2 330	2 393	33.2
	弧形罐式集装箱	30.48	6.3	24.18	TBGU	6 058	2 438	2 896				33.5
	框架罐式集装箱	30.48	3.9～4.95	26.58～25.53	TBGU	6 058	2 438	2 591				22～32
	散装水泥罐式集装箱	30.48	4.95～5	25.53～25.48	TBGU	6 058	2 438	2 896				22～24
	石油沥青罐式集装箱	30.48	6.3～6.5	24.18～23.98	TBGU	6 058	2 438	2 591				24～25.5
	干散货集装箱	30.48	2.62～3.28	27.86～27.2	TBBU	6 058	2 438	2 591				31.1～37.2
	35 t 通用集装箱	35	2.58	32.42	TBJU	6 058	2 550	2 896	5 895	2 464	2 698	39.2
	35 t 干散货箱	35	2.78	32.22	TBBU	6 058	2 550	2 896	5 893	2 438	2 713	39.4
25 英尺板架式汽车集装箱		28.3	4.3	24	TBPU	7675	3 180/3 300	348				
25 英尺 35 t 敞顶集装箱		35	2.78	32.22	TBJU	6 058	2 550	2 896	5 893	2 438	2 713	39.4
40 英尺	通用集装箱	30.48	3.88	26.6	TBJU	12 192	2 438	2 896				76.4
45 英尺冷藏集装箱		34	7～7.18	27～26.82	TBLU	13 716	2 438	2 896	12716	2 294	2 554	74.5
50 英尺	板架式汽车集装箱	30.48	10.9	19.58	TBQU	15 400	3 300	270				

第四节　作 业 车 站

1. 办理站

集装箱办理站包括办理集装箱运输业务的铁路货场、铁路专用线和专用铁路。集装箱办理站须具备下列条件：

(1)有与其运量相适应的，适合集装箱堆存、装卸的场地。

(2)装卸线数量和长度满足生产需要。

(3)具备集装箱称重计量及安全检测条件。

(4)配备集装箱专用装卸机械，起重能力满足所装卸集装箱总重量的要求。办理 20 英尺、40 英尺集装箱起重量不小于 35 t，具备 20 英尺 35 t 集装箱办理条件。装卸机械宜具备称重、超偏载检测功能。仅办理罐式箱运输业务的，可不配备集装箱装卸机械，但应有充装、抽卸设施设备。仅办理干散货箱、敞顶箱发送业务的，可不配备集装箱装卸机械，但应有货物装载设施设备。

(5)具备良好的硬件、软件和计算机网络环境，能够应用集装箱运输相关信息系统。

(6)办理特种货物箱和专用箱时，应配备相应的生产和安全设施设备(如：站台、装卸、接充电设施设备等)。

2. 无轨站

执行国铁集团《关于明确集装箱无轨站有关事项的

通知》(货联函〔2019〕24 号)等相关规定。相关主要规定有:

(1)集装箱无轨站(以下称无轨站)指在集装箱办理站(含货场、铁路专用线、专用铁路)之外的货源集散地设立的、拥有集装箱堆场的铁路集装箱运输服务网点。

(2)无轨站经营单位指具有无轨站集装箱堆场的所有权或使用权,负责经营无轨站的依法设立的企业。

(3)无轨站按具备功能和提供服务的不同分为 A 型和 B 型。

A 型无轨站提供铁路空箱还箱、提箱服务,不提供集装箱货物发送服务。B 型无轨站在提供 A 型无轨站服务的基础上,与集装箱货场衔接,增加集装箱货物受理、承运等集装箱货物发送服务,并可根据市场需要和设施设备条件提供制票、理赔等服务。

无轨站不提供集装箱货物到达服务;到达的集装箱货物由收货人在车站提箱,需向无轨站转场。无轨站可提供接取送达服务;铁路局集团公司应在接取送达信息系统中合理划定接取送达服务范围。

(4)无轨站设立在港口码头、堆场以及物流园区、产业园区、商贸中心等地点时须满足以下条件:有利于提高客户服务质量,有利于降低社会物流成本,有利于促进铁路增运增收。

一个车站可设立多个无轨站,一个无轨站也可衔接多个车站。

(5)无轨站负责堆存、码放、装卸、称重计量等堆场经营管理工作;车站负责集装箱发送、理赔、铁路箱管理等其他铁路运输工作。

第五节 系统简介

集装箱运输管理及生产组织系统主要有4个:中国铁路货物电子商务系统、铁路集装箱运输管理信息系统——车站应用、铁路集装箱运输管理信息系统——全路应用和集装箱调度命令管理信息系统。

1. 中国铁路货物电子商务系统

系统用户:国铁集团货运部公布办理条件后,由各货运站段业务主管指导办理站增加作业人员用户名,开展系统操作培训。

主要功能菜单:订箱(空箱资源查询、空箱预订等)、运单(填写运单、不填箱号、物品清单等)、日运输需求(提出日需求等)。

系统相关界面如图1-5-1所示。

2. 铁路集装箱运输管理信息系统——车站应用

系统用户:国铁集团货运部公布办理条件后,由各货运站段业务主管指导办理站增加作业人员用户名,开展系统操作培训。

主要功能菜单:发送管理(检斤验货、安排空箱、站内装箱、进门、扣修等)、装卸车管理(到达卸车、货运记录、按列装车、回装空箱、特殊发送等)、交付管理(站内掏箱、领

(a)

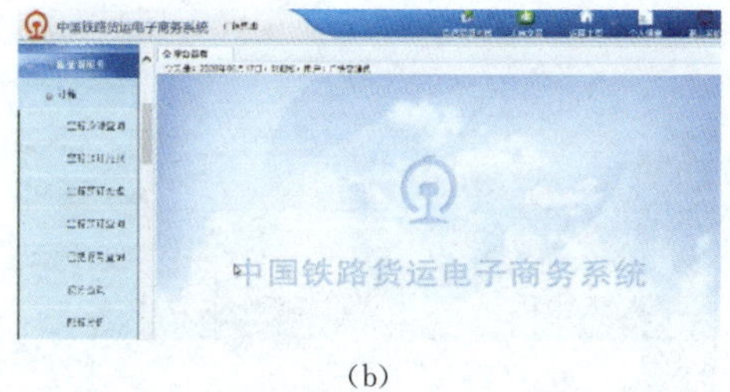

(b)

图 1-5-1　中国铁路货物电子商务系统界面

货通知、外交付、新箱投入、出门等)、查询统计(出站单、装卸清单、站存箱查询、到发登记等)。

系统相关界面如图 1-5-2 所示。

3. 铁路集装箱运输管理信息系统——全路应用

系统用户:国铁集团货运部公布办理条件后,由各货运站段业务主管指导办理站增加管理用户名,开展系统操作培训。

主要功能:全程追踪、铁路箱管理(保有量、在站箱、在途箱、下水箱、修理箱等)、敞顶箱(日报、在站箱、在途箱、局属箱等)、运输监控(到达箱流、闲置箱、站外箱、在站箱、在途箱、局属箱等)、运输分析(运用报告、预订日况、空重分析、保有量、运用效率分析等)、运量查询(订车查询、空

(a)

(b)

图 1-5-2　铁路集装箱运输管理信息系统车站应用界面

箱预订查询、办理站查询等)、运单分析(日报、运量、品类、品名、托运人、里程等)、单据查询(发送运单、到达运单、装车清单、卸车清单、回装清单、回卸清单等)、异常处理(途中调卸、运输变更、途中换装、按计量装车、重启定时任务等)。

系统相关界面如图 1-5-3 所示。

4. 集装箱调度命令管理信息系统

系统用户:国铁集团货运部公布办理条件后,由各货运站段业务主管收集办理站需要增加的用户名,集团公司向中铁集装箱公司申请调度命令接收用户。

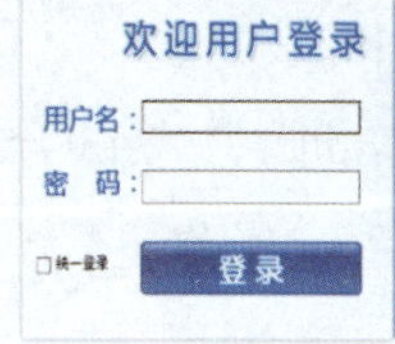

(a)

(b)

图 1-5-3　铁路集装箱运输管理信息系统全路应用界面

主要功能:接收集装箱调度命令。

系统相关界面如图 1-5-4 所示。

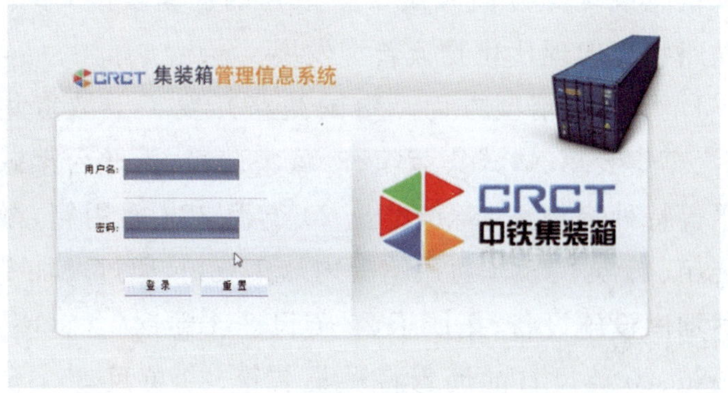

图 1-5-4　集装箱调度命令管理信息系统界面

第六节 岗位要求

1. 取得铁路货运员岗位资格证书。

2. 经货运站段集装箱相关业务培训,并考试合格。

3. 熟悉和掌握集装箱相关信息系统操作。

4. 熟悉和掌握集装箱运输相关业务流程。

5. 熟悉和掌握集装箱运输安全风险点和对应卡控措施。

6. 其他需掌握的知识和要求。

第七节 发展趋势

集装箱运输改变了世界物流,创新是推动经济发展和社会进步的不竭动力,中国铁路集装箱运输紧随社会进步和发展,在集装箱箱型、运输车辆、装卸机械、运输组织和信息系统等方面开展了一系列的创新实践,不断推动铁路物流向现代化物流转型发展。

1. 集装箱箱型方面。中国铁路开发了干散货集装箱、汽车集装箱、罐式集装箱、冷藏集装箱、折叠台架式集装箱等特种货物集装箱,以及 20 英尺 35 t 通用箱、敞顶集装箱、45 英尺 34 t 通用箱等内陆集装箱,通过增加专用装载加固设施设备,拓展了 20 英尺 35 t 卷钢(含钢座架)敞顶箱、20 英尺石油沥青特种集装箱、20 英尺 35 t 台架式卷钢集装箱、玻璃专用集装箱等。

2. 运输车辆方面。目前国铁集团公布的集装箱专用平车 17 种车型，两用平车 12 种车型，其中 2019 年广州局集团公司开始在平湖南至南康间试用双层集装箱平车单层运输。

3. 装卸机械方面。目前，国铁集团在全路推广集装箱专用门吊、正面吊，同时研发了防摇的轻量化多功能集装箱门式起重机，广州局集团公司按照国铁集团要求大力推广使用，对新开办集装箱业务的办理站，必须使用正面吊或具备防摇功能的集装箱专用门吊，安全系数较差的通用门吊主要用于笨重货物（如钢材类货物）吊装卸。

4. 运输组织方面。国铁集团先后组织开行了快速集装箱班列、铁水联运班列、中欧（中亚）国际集装箱班列等精品班列。

5. 信息系统方面。除目前车站正在使用的集装箱相关系统外，目前，广州局集团公司正在组织研发集装箱箱位智能管理系统、F-TR 锁装卸安全检测监控系统、铁水联运物流服务系统和物流园服务系统等信息系统，建成后将实现智能门禁、智能装卸、智能堆场等相关功能。

第二章 基本作业

第一节 办理条件

一、办理条件申报

1. 物流车间(含物流车间、货运站,下同)根据货运市场需求及货运站(含货场、专用线和专用铁路,下同)设施设备条件,向货运站段(含货运中心、站段、平南公司,下同)提出开办集装箱运输业务的申请;货运站段审核资料的真实性和有效性,确定符合办理条件后,向集团公司货运部提出申请;集团公司货运部确认满足条件后报国铁集团货运部公布。

2. 申请办理集装箱运输业务时,应提供以下资料:货运站(含铁路专用线、专用铁路)名称、装卸线有效长、起重能力(装卸机械名称,型号,吊具下最大起重能力)、办理箱型、计量称重设备(型号,最大计量重量)、适箱货物品类预计年运量(到发量,主要发到站)。同时提供有效的《起重机检验报告》和计量称重设备检定证书扫描件,以及反映起重机、计量称重设备、装卸线和堆场全貌的照片。集装箱运输业务申报参考模板见附录1。

申办特种货物箱和专用箱在提供以上资料时,需提供专用的装卸机械设备设施名称及相关资料。

货运站申请办理20英尺、40英尺标准箱运输业务时，应同时申请办理20英尺35 t集装箱运输业务。

申请办理集装箱业务的货运站，装卸机械须具备超偏载检测和减摇功能。

3. 办理站必须配备集装箱专用装卸机械，禁止使用汽车吊、轮胎吊、履带吊起吊集装箱。集装箱门式起重机还应配备监控录像装置。

二、办理业务停办

1. 办理站停办(含临时停办)集装箱运输业务，由货运中心向集团公司货运部申请，货运部审核后报国铁集团货运部公布。申请内容包括:办理站(含铁路专用线、专用铁路)名称、停办箱型、停办详细原因;临时停办的，还需提出停办日期范围，并于停办之日前1个月报集团公司货运部。

2. 办理站停办集装箱运输业务后，应清查站存铁路箱，根据集装箱调度命令及时组织回送。

三、其他相关要求

1. 已办理20、40英尺标准箱业务的，需要新增办理20英尺干散货箱、20英尺冷藏箱业务时，可按照《国铁集团关于印发铁路集装箱和集装箱平车装运方案的通知》相关规定直接办理，不需要另行申请;但办理20英尺35 t通用箱、20英尺35 t敞顶箱、20英尺罐式箱业务时，须按规定申请,经国铁集团货运部公布后办理。

2. 使用液体集装袋装箱时,货运站段须向集团公司货运部申请,由集团公司货运部审核公布后执行,申请内容包括:托运人名称、液袋型号、规格、生产标准、编号范围、检验证书、出厂合格证和门挡技术规格、照片、拟装货物品名、货场办理条件、安全卡控措施、作业培训记录等信息。

3. 非标自备箱在集团公司管内运输前,由货运站段按照规定审核自备箱相关证明资料,研究和制定具体运输条件、安全卡控措施等,报集团公司货运部审核,集团公司货运部按照《铁路集装箱运输规则》规定权限审核公布后执行。集团公司已公布运输条件的非标自备箱,试运结束经风险研判可继续执行的,其他办理站提出装运需求时,货运站段须组织相关人员完成学习培训并考试合格,组织货运站制定安全卡控措施,报货运部备案后执行。

第二节　集装箱业务流程

集装箱业务流程如图 2-2-1 所示。

第三节　出　　站

一、订空箱

1. 铁路空箱:托运人通过铁路货运电子商务系统

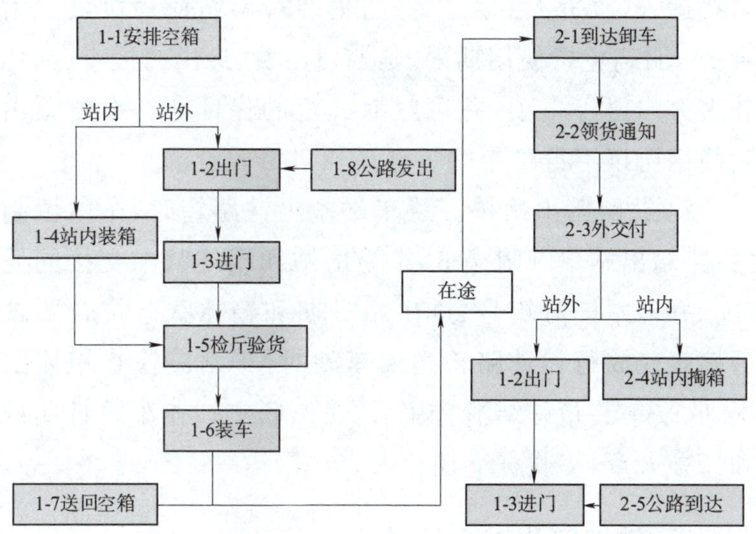

图 2-2-1　集装箱业务流程

(95306 网站)预订铁路箱,托运人(收货人)可自行安排取送集装箱,也可委托办理站代为办理,办理站均应提供便利条件,不得强制托运人(收货人)使用指定单位的汽车取送。空箱按"先到先得"的原则自动分配,并在 95306 网站实时自动公示;配箱后自动生成运单需求联。办理站按照公平、公开、公正的原则分配空箱,不得限制客户使用铁路箱。

2. 铁路箱出站后重去重回的不需订箱。

3. 自备箱不需订箱。

二、铁路箱出站条件

1. 铁路箱出站使用协议。铁路箱出站时,办理站应与托运人(收货人)签订“铁路集装箱出站使用协议”(附录 2),明确免费使用期限、延期使用费、进出站检查、损坏和丢失赔偿等事项,并可收取一定的保证金。铁路箱出站使用协议不得跨年度签订。

2. 铁路箱出站单。从车站搬出铁路箱时,车站填制“铁路箱出站单”(附录 3)作为出站和箱体状况交接的凭证。办理站核对箱号、进出站日期和箱体状态符合要求后接收或放行。铁路箱送回车站时,车站应检查箱体状况,收妥集装箱并结清费用后,在乙联上加盖车站日期戳和经办人章,将收据交还箱人。

三、铁路箱出站期限

托运人或收货人使用铁路箱超过下列期限,自超过之日起核收集装箱延期使用费:

1. 站内装箱的,应于约定进货日期当日装完。站内掏箱的,应于领取的当日内掏完。

2. 到达的集装箱,应于承运人发出领货通知的次日起算,2 日内领取集装箱。

3. 集装箱出站的,重去空回或空去重回时,应于领取的次日送回;重去重回时,应于领取的 3 日内送回。

4. 对在集团公司管内上一年度日均发送和到达集装箱运量合计达 20 TEU 的客户,其次年在集团管内办理站的铁路箱出站免费使用期限,重去空回、空去重回、重去重回时,最长不超过 7 天。集团货运部每年公布满足条件的客户名单。

5. 对上一年度在集团管内没有集装箱发到运量或日均发到运量合计不足 20 TEU,但本年度连续三个月累计日均发到集装箱运量合计达 30 TEU 及以上的客户,由货运站段提出书面申请,经货运部审核公布后,其当年铁路箱重去空回、空去重回、重去重回时,出站免费使用期限最长不超过 7 天。

6. 铁路箱出站的,因托运人原因空去空回时,应于出站之日起核收集装箱延期使用费。

四、自备箱出站

到达的自备箱,应于承运人发出领货通知的次日起算,2 日内办理交付手续,领取集装箱货物,并于领取的当日内将集装箱搬出。在车站存放超过上述免费期限,应按规定核收仓储费。

第四节 装 箱

一、选箱

1. 托运人应使用状态良好的集装箱。使用铁路箱时,车站应提供状态良好的集装箱。托运人在使用前必须检查箱体状况,发现箱体状况不良时及时提出,由车站予以更换。

2. 集装箱所装货物应符合所用箱型适箱货物要求,不得腐蚀、损坏箱体。铁路通用箱不得装运煤、焦炭等易污染箱体的货物。

二、集装箱装箱基本技术要求

1. 集装箱的装箱由托运人负责。装箱时应码放稳固,装载均衡,不超载、不集重、不偏重、不偏载、不撞砸箱体,采取防止货物移动、滚动或开门时倒塌的措施,保证箱内货物和集装箱运输安全。敞顶箱装运易扬尘货物,应采取苫盖篷布或抑尘等环保措施。

2. 下列货物不得混装于同一集装箱内:

(1)易腐货物与非易腐货物;

(2)危险货物与非危险货物;

(3)性质互抵的货物;

(4)运输条件不同的货物。

3. 托运人装箱时,单箱总重不得超过其标记总重;使用特种货物箱、专用箱时,单箱总重不得超过各箱型限制总重。

4. 规格不同的货物装于同一箱内,应根据货物件重沿箱底板纵横中心线均衡装载。分层堆码时,轻质货物应装于重质货物上,包装强度弱的货物应装于包装强度强的货物上。货物装不满集装箱时,应将货物均匀平铺于箱底。

5. 装载件重 500 kg 及以上的货物,或重心不稳、易窜动、滚动、倒塌的货物时,由办理站制定装箱方法,经货运中心审批后执行。装箱方法需明确货物规格、件重、包装捆扎、座架、使用箱型和装载加固措施。对重心不稳、易窜动、滚动、倒塌的货物应采取有效的加固措施将其掩挡稳固，防止货物在运输途中或装卸作业时滚动、窜动或倒塌。装箱方法模板见附录 4。

相关要求：装箱方法须由货运站段主管科室审核后盖章公布，可使用科室专用章。

6. 集装箱装运两种及以上品名的货物时，托运人应按箱提出物品清单。集装箱内单件货物重量超过 100 kg 时，托运人应在运单“托运人记载事项”栏内分别注明实际重量。

7. 站内装掏箱时，办理站应指定作业区域，由托运人或收货人负责装掏箱相关作业，办理站可与托运人或收货人签订协议明确托运人或收货人相关安全责任。

三、重点货物装箱要求

1. 散堆装货物：

箱门处应采取将货物装袋成品字形压缝装载或安放挡板等措施防止货物挤压箱门。

含水分的散堆装货物使用铁路通用箱装运时，托运人应在箱内侧板和底板处垫塑料薄膜，防止货物污染、腐蚀箱体。

敞顶箱装载散堆装货物，应检查敞顶箱篷布苫盖质量，确认箱体和篷布状态良好，绳索齐全和拴牢，篷布支撑杆不少件和变形。禁止苫盖破损和报废篷布，发现状态不良时，须要求托运人（收货人）整改后接收。篷布破损时，及时回送篷修所修理，敞顶箱破损时，及时回送箱修厂修理。

2. 木箱装货物堆码装载时，应采用上下层整体捆绑等加固措施。

3. 桶装货物装箱，须检查确认箱底板无尖锐器物，包装桶状态良好，桶盖朝上，无泄漏；同时采取措施防止倾倒。

4. 单件重量5 t及以上的一体式机械装备使用集装箱装运时，应优先使用平台箱、折叠箱；确需使用通用箱时，应采取措施防止箱底板集重。

5. 液袋货物：

(1)装运液袋的集装箱，须技术状况良好。箱壁外侧无明显变形及修补焊缝，内壁光滑无毛刺，箱门配件完好，开关自如。

(2)充装液体时，应采取防止液体洒漏的措施。如仍产生洒漏，应将液体清理干净后方可关闭箱门。

(3)20英尺通用标准箱装运液袋时，液袋容积不得超过24 m^3，所装液体体积不得少于液袋容积的95％，袋体、门挡和所装液体总重不得超过21.5 t。

(4)液袋产品须凭合格的产品质量检验报告方可在铁路运输使用，产品质量检验均须采用抽检方式。液袋产品应按规定进行定期检验，保证质量满足铁路运输安全要求。其中每5年进行一次型式检验，每2.5年进行一次常规检验(不含抗冲击性能试验)。

(5)托运人使用集装箱装运液袋时，应向办理站出具液袋制造企业提供的相关资料以供查验。办理站须核实确认与集团公司公布备案信息一致后受理。

(6)托运人对其在运单、物品清单内填记内容的真实性负完全责任，不得匿报、伪报品名，应准确填记货物名称、集装箱号码、施封号码、重量等各项内容。液袋货物装箱时，应在货物运单“托运人记事”栏内注明“液袋”字样。

四、集装箱货物装箱方法示例

1. 20英尺箱装载胶黏剂、松香(图2-4-1)

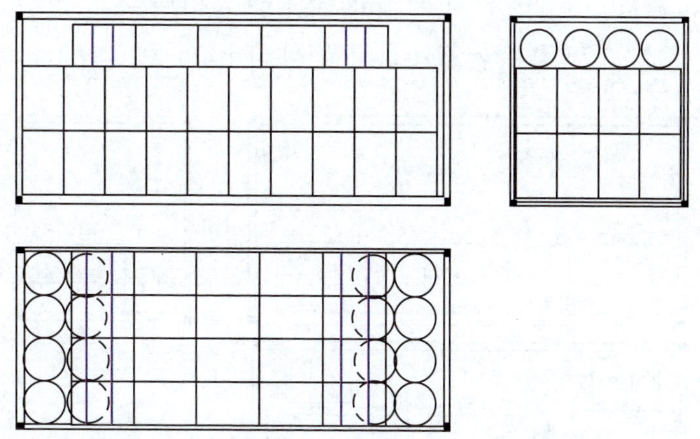

图2-4-1　20英尺箱装载胶黏剂、松香示意图

(1)货物规格：直径580 mm，高880 mm，件重210 kg，包装为铁桶。

(2)准用货车：X型专用车、NX型共用车。

(3)加固材料：8号铁线。

(4)装载方法：

①第一、二层,货物由集装箱里端向外,横向居中竖装 4 件,纵向竖装 10 件,计 80 件。

②第三层货物,在箱纵横中心对称顺向卧装,横向 4 件、纵向 5 件,共计 20 件。

③货件对齐摆放,均衡装载,装载重量不超过集装箱最大容许载重。

(5)货物加固:

①同层货物间排列紧密挤实。

②第三层靠近箱里端和门端的外方货物,横向间每相邻两件,用 8 号铁线两道将桶体捆绑相连。

2. 20 英尺箱装载小轧机配件(图 2-4-2)

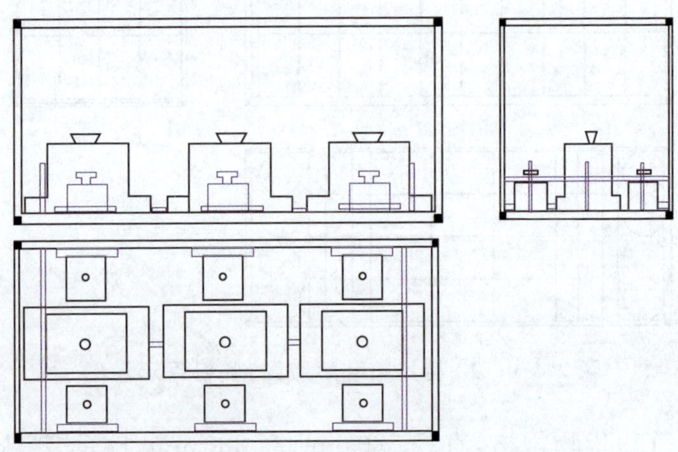

图 2-4-2　20 英尺箱装载小轧机配件示意图

(1)货物规格:

大件,件重 2～9 t,外形尺寸为(1 600～2 300)mm×(1 200～2 100)mm×(800～1 600)mm,包装为木制座架。

小件，件重 0.4～2 t，外形尺寸为(600～1 600) mm×(400～1 200)mm×(300～800)mm，包装为木制座架。

(2)准用货车：X 型专用车、NX 型共用车。

(3)加固材料：60 mm×60 mm 的方木，圆钉，扒锔钉。

(4)装载方法：

①件重 2～9 t 大件货物从箱里端沿箱体纵中心线连续装载，纵向相互挤紧，货物重心位于箱体纵中心线上。

②件重 0.4～2 t 小件货物分成数量和重量相等的两部分，均匀对称装载在大件货物两侧。

③全箱货物均衡排摆，装载重量不超过集装箱最大容许载重量。

(5)货物加固：

①每件轧机配件座架地脚用扒锔钉与箱地板钉固连接，相邻地脚端部之间的空隙用木块塞紧固定，箱门端、箱里端与地脚端部之间的空隙用方木塞紧固定。

②每件轧机配件座架地脚与箱侧板之间的空隙用方木塞紧固定。

③在箱门端、箱里端用方木横杠对轧机配件进行拦护。每个拦护横杠的拦护高度应选在 3/5 高度处，两端应卡于集装箱侧壁的凹槽内，为防止横杠向上滑动，须用 2 根垂直方木将横杠与座架连接固定。

3. 40 英尺箱装载玻璃(图 2-4-3)

(1)货物规格为(1 000～1 700)mm×(580～1 000)mm×(700～1 000)mm，件重为 100～500 kg，包装为木制座架纸箱包装。

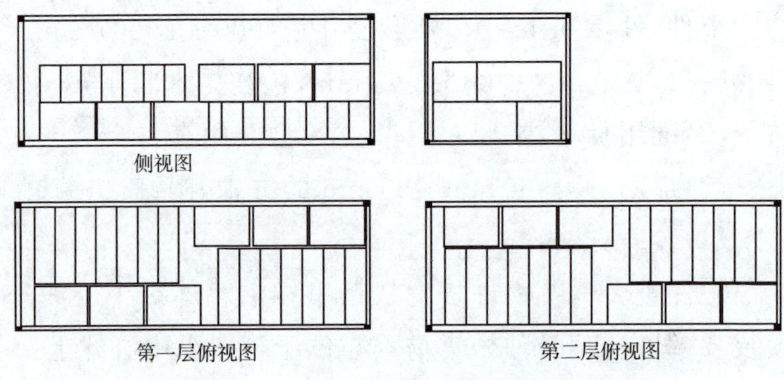

图 2-4-3　40 英尺箱装载玻璃示意图

(2)准用货车:X 型专用车、NX 型共用车。

(3)加固材料:60 mm×60 mm 方木、扒锔钉、塑料打包带。

(4)装载方法:

①先由箱里端向外,紧靠箱端板和一侧侧板顺装 3～5 件大件货件,再紧靠箱端板和另一侧侧板横装 7～15 件小件货件。

②以箱横中心线为对称,紧靠已装大件货物对侧侧板,与已装的大件货物对角对称,再顺装同样件数的大件货物。紧靠已装小件货物对侧侧板,与已装的小件货物对角对称,再顺装同样件数的小件货物。

③第二层大、小件货物紧靠的箱侧板,与第一层对应相反。其他装法与第一层相同。

④全箱货物均衡排摆,装载重量不超过集装箱最大容许载重。

(5)货物加固:

①货物排列紧密、挤实,上下货件对齐,全箱货物均

衡装载。

②靠箱门处装载货件地脚与箱门间空隙，用方木塞紧固定并用扒锔钉钉固。同层每 2 件货物使用塑料打包带进行整体捆扎。

4. 20、40 英尺箱装载各种规格的成件包装货物

(1)货物规格：不同形式。

(2)准用货车：X 型专用车、NX 型共用车。

(3)装载方法：

①第 1～(n－1)层必须沿集装箱纵、横向居中对称装载，按货物规格顺装或横装，最大限度装满箱底板(n 为最高层数)。各层货物装载方法相同。

②同层货物填实挤紧，装载高度一致，不形成梯形或凹凸码放。

③最后一层不满时，沿集装箱纵、横中线两侧等距离范围内连续居中装载，装载高度一致。

④同层货物相互挤紧，装载重量不超过集装箱标记最大容许载重量。

第五节　进　　站

一、铁路箱进站

1. 箱体质量检查。集装箱进站时，还箱人提供“铁路箱出站单”，办理站应按《通用集装箱在铁路车站检查的技术要求》(附录 5)和特种货物箱、专用箱技术条件，认真

检查箱体状况，确保箱体状态良好；箱体状态危及货物和运输安全的，不得接收。

办理站交接检查完毕后在“铁路箱出站单”随箱联对箱体状态进行交接签认，并在“还箱收据”联加盖车站日期戳记后交还箱人留存。

2. 确定集装箱重量。托运的集装箱，办理站应逐箱确定重量，单箱总重不得超过箱体标记总重和发到站集装箱起重能力，使用特种货物箱、专用箱时，单箱总重不得超过各箱型限制总重。对超出集装箱限制总重的须减载。制单时，将集装箱称重磅单附货物运单发站存查联存查；罐式集装箱空箱进站时，应过磅确认箱内无残货，磅单附装载清单留站存查。

办理站应建立起重机电子秤、汽车衡和途中超偏载检测装置数据比对制度，防止货车超偏载。

相关要求：办理站须不定期抽查集装箱过磅记录、必要时现场重新过磅，认真核实集装箱磅单的真伪，对提供虚假磅单的，要严肃追责和考核，坚决遏制虚假磅单的情况发生，严防空重混装及货场偏重等安全问题发生。

3. 办理站开箱检查主要内容：

(1)明显位置是否有危险货物和理化性质不明货物等违规情况。

(2)货物是否装载均衡、码放稳固，卷、桶、球形货物是否采取措施防止窜动、滚动。

(3)货物件重、包装是否符合规定并与物品清单相符。

(4)货物装载方法与装箱方法是否一致。

(5)散堆装货物是否污染、损坏箱体,门口处是否采取门挡防冲撞箱门等措施。

4. 箱门关闭加固施封:

(1)集装箱施封由托运人负责。托运的重集装箱应当施封(结构上无法施封的除外);通用集装箱施封时,确认左右箱门锁舌和把手入座后,在右侧箱门把手锁件施封孔处施封一枚;其他类型集装箱根据实际情况采取适合的施封方法。托运的空集装箱可不施封,托运人须关闭箱门,确认左右箱门锁舌和把手入座。

(2)有箱门、箱盖的重空集装箱装车前,需检查箱门、箱盖关闭加固情况,并使用10号镀锌铁线将箱门、箱盖把手锁件拧固并剪断余尾。

5. 开箱检查拍照:

(1)办理站应建立开箱检查制度,防止发生匿报品名、夹带危险货物、装载不良等问题。货场和铁路专用线、专用铁路发送的集装箱均应开箱检查,并对检查情况进行拍照。照片应不少于4张,其中装箱前空箱状态、装箱二分之一(液袋和散堆装等密度均匀的货物除外)、装箱后箱门半开和全关(含施封)各1张,照片应反映箱体状态、箱号和箱内装载情况,并按箱号建档存查。

特种箱的检查照片需清晰完整体现集装箱装载加固情况:罐式箱、干散货箱的人孔盖、溢流盒、腰箍、挡板、卸料口、顶开门、泄压小门锁闭情况，冷藏箱的制冷装置端和后端箱门锁闭情况，35 t 敞顶箱篷布苫盖、绳索捆绑拴结情况。

(2)端部有门的铁路空箱进站时，办理站应开箱检查箱体和空箱状态，并拍照(箱门全开和关闭后各 1 张)或过磅确认，照片应反映箱内全貌和箱号情况，照片或磅单按箱号建档保存。箱内有残货、杂物时，应由还箱人清扫干净后接收。

(3)站内中转的铁路空箱装车前、自备空箱经铁路运输时，办理站按上述方式确认空箱状态。

6. 特殊情况。对不具备开箱检查条件或托运人无法提供装箱照片等特殊情况的，货运中心可根据实际情况制定有效的安全卡控措施，报集团公司货运部备案后实施。

二、自备箱进站

1. 标准箱

(1)向托运人告知自备集装箱安全相关规定及注意事项，重点告知托运人不得瞒报箱型箱类、不得虚报重量、不得匿报品名或夹带危险品、不得提供虚假的箱内货物装载示意图和不得使用报废箱上路运输等内容。

(2)严格按照《通用集装箱在铁路车站检查的技术要求》(TB/T 3207)对集装箱箱体进行检查，发现其外观、大小、箱门等与通用集装箱有异的或疑似报废箱的，应核查集装箱证书或船级社的相关证明文件。

(3)自备箱按中欧班列挂运时,托运人须提供箱体质量良好的承诺书,办理站要重点检查箱底部横梁有无明显裂痕等情况。

(4)办理站应检查自备箱箱体状态,发现问题应及时向货运中心报告。有下列情形之一者,发站不得受理:

①箱号、代码、标记不全、涂改或模糊不清。

②无集装箱安全公约铭牌,无检验单位徽记,铭牌记载箱主代码、箱号与箱体标记不一致。

③箱体质量不能满足运输安全要求。

2. 非标自备箱

非标自备箱办理海铁联运、国际铁路联运(发站或到站为港口站、国境站)以及集团管内运输的,由货运中心收集集装箱证书和铭牌、箱体照片等资料,检查确认箱体状态良好、标识标记齐全以及外部尺寸、箱号、代码与集装箱证书记载一致后,提出运输条件报集团公司货运部审核公布后方可上路运输。其他情况由货运中心提出运输条件申请,经货运部审核,报国铁集团货运部公布后方可上路运输。

改造箱在集团公司管内运输前,托运人须提供船级社出具的集装箱证书、运输条件说明等资料,由货运站段审核通过,经安全风险研判具有可行性后,提出具体运输条件和装运方案,以正式文件报集团公司货运部,集团公司货运部研究后予以公布执行。

第六节 安检查危

一、安检工作法

集装箱办理站在收货验货环节应进行安全检查，认真执行“看、闻、核、辨、验”五字安检工作法。

看：即查看货物包装标识。查看货物的外观形状、包装、标识是否和客户提报的品名相符，是否符合普通货物运输的条件。

闻：即凭嗅觉辨别货物。闻气味、听声音、定属性，确定是否为危险货物。对容易造成人体伤害的货物停止办理承运。

核：即核对货物的理化性质。货物运单、物品清单和快运需求单与货物进行实物核对是否一致，与危险货物品名表比对。无法辨别理化性质和不能提供鉴定证明的，不得受理承运。

辨：即过机辨别图像。对无法从外观和包装标识辨认的货物，通过安检仪的识别功能和积累的安检查危经验，辨别是否属于危险品。

验：即开包验货。对发现的可疑货物和无法过机检查的货物必须开包验证，防止夹带危险货物、匿报品名和货物漏检。

二、安检方式

安检方式分为过机检查、开包检查、目测检查三种。

目测检查仅限于原厂原包装、无包装等可以肉眼直接判定货物性质的。

对非原厂原包装、包装无标识货物必须过机检查或开包检查。

过机安检发现疑似危险货物和禁运品应开包检查确认;非原厂原包装或包装无标识货物,规格不适宜过机检查、无安检设备或设备故障时,应人工开包检查。

三、安检查危要求

1. 集装箱装载混装货物安检要求按照零散货物快运、混装货物安检查危特定要求执行(指以“混装货物”品名制票的货物)。

(1)建立混装货物装车站审批制度。按照国铁集团“对零散货物快运和混装货物实行100%货物安全检查,进出货、安检查危、装卸车作业全过程进行视频记录”的要求,货运中心对需要办理混装货物运输的办理站提出需求,集团公司货运部对具备混装货物装车条件的办理站审批公布。

(2)对零散货物快运和混装货物实施托运安全承诺制度。

客户在95306网上提报运输需求时,须对安全承诺提示给予确认。

营业厅受理零散货物快运时，办理站应要求托运人在零散货物快运需求单上准确填记货物的具体品名，签署“货物托运安全承诺书”(见附录6)。

营业厅受理混装货物时，托运人除填记货物运单外，还应按批提交物品清单，审核后录入信息系统，签署“货物托运安全承诺书”，车站存查。

(3)严格货物的受理核对。

受理货物运输时，须根据托运人(经办人)填写的姓名，与托运人(经办人)身份证进行核查。经核查一致的，将托运人(经办人)身份证号码填记在托运人记事栏内。

受理人对零散货物快运货物品名和混装货物物品清单填记的货物品名，依据《铁路危险货物品名表》进行查验核对。

(4)货物清点查验。外勤货运员按照信息系统确认的零散快运需求单、混装货物物品清单逐件清点查验货物。对危险货物、实货与清单品名不符的货物，不得进货。

(5)强化货物安检。

办理站对零散货物快运和混装货物进行逐批安检，应按照托运人提交的混装货物运单、物品清单和零散货物快运需求单逐件检查，严格安检。

对同品名、同规格、生产厂家原包装货物，应按批使用安检仪或人工开包方式进行抽检，抽检比例不得少于10%。对抽检的货物，货运中心应同托运人签订安全协议，协议中应明确货物品名、规格、包装、生产厂家、违约责任等内容。

货物经过安检符合办理条件后，安检人员必须在有关单证（运单、物品清单、检斤验货安检登记本）签字或加盖带有站名、工号的安检章。经过安检的货物应在货物上粘贴带有站名、工号的安检标识，或在货物包装、标签上加盖带有站名、工号的安检戳记。

(6)落实监装制度。外勤货运员对安检通过的货物，对照零散货物快运货票和混装货物物品清单逐件核对，全过程监装（含托运人、收货人自装）。发现危险货物、实货与清单品名不符的货物，不得装车。

(7)混装货物装车后在物品清单内填记装车日期和车号，并加盖车站承运日期戳和监装货运员名章。清单必须与实货一致，货物品名、包装、件数、体积、重量等内容填记应清楚规范。二次包装的货物应有托运人粘贴填记货物品名、重量、去向的标识。

(8)零散货物快运点对点运输和混装货物须在货场内装车。

货物混装时，货物的物理化学性质不得相抵触，异味、易腐等对其他货物有影响的货物不得混装。

经集团公司批准的按照普通货物条件运输的危险货物，仅限整车运输，不得办理零散货物快运和混装运输。

在不能保证货运安检质量和无法准确清点核对货物的情况下，严禁汽车向铁路货车对装零散货物、混装货物。

2. 货运办理站应对站外装箱点的货源结构进行摸底排查，列出安检查危重点控制的装箱点。车间对重点控制的各装箱点每个月检查不少于3次。

3. 货运中心应督促站外装箱点安装使用视频监控设备,对安检作业、货物入箱进行全过程监控。

4. 批量零散货物入箱由装车站负责安检。站内装箱的,货运员应现场全过程监装。“门到门”“门到站”运输时,运量较大的托运企业,发站安排货运员到装箱作业现场监装;运量较小的托运企业,由装箱单位对装箱作业全程视频录像,进站时将监装记录、视频录像随箱交车站检查确认后装车。批量入箱“门到门”“门到站”运输的货物,车站应与托运人签订安全协议,明确货物品名、规格、包装、生产厂家、违约责任等内容。

四、查获危险品处置

1. 依据国家法律法规和国铁集团相关规定,依法处置铁路承运人查获的匿报、谎报、夹带的危险品和禁运品。

2. 集装箱办理站查获经确认的匿报、谎报、夹带的危险品和违禁品,均应立即扣留并报告车站公安所和货运中心,货运中心应立即报告铁路监督管理局执法处理并向货运部汇报。

3. 集装箱办理站第一次查获并确认托运人匿报、谎报、夹带的危险品和违禁品,停止受理其货物运输需求 15 天;第二次查获的,停止受理其货物运输需求 30 天;第三次查获的,将该托运人列入黑名单,停止受理其在集团范围内货物运输需求。

4. 托运人自查的危险品、禁运品可免于处罚(含托运人自备安检仪自查)。各单位应督促托运人建立内部激励机制,对收货源头、自装卸等过程中查获危险品的人员予以奖励。

5. 查获危险货物的移交须留有记录。

第七节　装卸作业

一、堆码

1. 集装箱堆场地面应保持硬化平整,堆码时集装箱底角件完全落地。箱区积水时,办理站应及时处理,避免集装箱浸水。

2. 集装箱应固定作业场地,分区码放,与其他货物分开存放。集装箱货场应使用集装箱运输相关信息系统实行按箱位管理;集装箱堆场应划分箱区箱位,在地面作出明显标识,留有检查作业通道。办理站按箱位管理集装箱,到发箱分开堆码,空箱和重箱、自备箱和铁路箱宜分区堆码,与其他货物不得混堆,须保持安全距离。

3. 码放集装箱时,集装箱须关闭箱门,按箱位线码放整齐,箱门朝向宜一致。多层码放时,不得超过限制堆码层数,且上下层箱角应对齐,防止损坏箱体。

4. 集装箱吊具应放置在指定地点或固定座架上,不得放于集装箱上。

二、选车

1. 集装箱装载前应选用状态良好的车辆,认真检查车辆状态。严禁使用车体、车地板严重破损，车门、车窗不全，敞车中侧门部件和下侧门搭扣不全、损坏，难以关闭等技术状态不良的车辆装运货物。

2. 进入青藏线格拉段(不含格尔木站)和拉日线的集装箱运输执行以下规定:重集装箱禁止使用敞车装运，空集装箱(板架式集装箱除外)禁止使用未安装 F-TR 型锁的集装箱专用平车装运。

发往台州南站的集装箱禁止使用敞车装运。

3. 集装箱应使用集装箱专用平车或共用平车装运，禁止使用普通平车装运。确需使用敞车装运集装箱时，运行速度应执行有关规定，装运重箱时应采取防止偏载偏重的措施。板架式汽车箱按其运输条件执行。

4. 装载特种集装箱时，应按照《国铁集团关于印发铁路集装箱和集装箱平车装运方案的通知》的规定选择装载车型和装运方案。

三、装卸车

装卸作业时，办理站应填写“集装箱装卸车作业质量签认单”(见附录 7)。作业前，货运员向装卸工组布置装卸作业重点事项，勾选相应项目;作业后，货运员、装卸工组检查装卸车质量，符合安全要求后签认。值班员或干部应跟班写实并签认，签认单保存。

(一)装车前

1. 集装箱装车前，应检查箱体和施封状态，必须清扫干净车地板，确认箱体、车体上无杂物。使用集装箱专用平车或共用平车时，装车前必须确认锁头齐全、状态良好、处于工作位、端板立起。使用敞车装运时，装车前须确认敞车中门、下侧门部件齐全，关闭良好。

2. 集装箱配装时，每批必须是标记总重相同的同一类型集装箱。铁路箱和自备箱不得按一批办理。

3. 使用铁路货车装运集装箱时，全车集装箱总重不得超过货车标记载重，且应符合货车装载技术条件要求，保证货车不出现超载、偏载、偏重等问题。集装箱不得与其他货物装入同一辆货车内。

4. 2 个 20 英尺重箱使用敞车装运时，两箱重量差不得超过 3 t；使用集装箱专用平车或共用平车装运时，两箱重量差不得超过 5 t。办理站应根据集装箱重量，选择相应车型装载，防止偏重。

5. 罐式箱、干散货箱装车前，办理站应检查人孔盖、溢流盒、卸料口、顶开门、泄压小门锁闭情况；冷藏箱应检查制冷装置端和后端箱门锁闭状态，必要时可使用 10 号镀锌铁线捆绑，确保箱门等锁闭严密，冷藏箱运输禁止溜放。

6. 铁路空箱装车前，货运人员应根据调度命令制定空箱回送计划，逐箱确认空箱状态，装卸工组根据货运员安排进行装车。

（二）装车时

1. 装车时，装卸工组须核实集装箱空重状态，确认集装箱空重状态与装卸作业单是否一致，同一车辆的一组集装箱必须空重状态相同，防止空重混装，发现异常及时处置。

2. 使用敞车装载时,应居中装载,集装箱重心位于货车纵中心线上。敞车装运端部有门的20英尺重集装箱时,采取两箱箱门相对紧贴或箱门靠近车辆两端方式装载。集装箱专用平车或共用平车装运端部有门的20英尺集装箱时,箱门应朝向相邻集装箱。

3. 安装F-TR型锁的集装箱专用平车或共用平车装箱时,同一箱位的四个锁头须同端同向,装40英尺集装箱时,中间锁头应为非工作位。装车时应以低速挡将集装箱平稳下落至锁头上方120 mm左右悬停,调整箱体位置,确认角件孔与车辆锁头对正后,方可继续平稳下落,防止发生剧烈碰撞。

4. 装卸和搬运集装箱应使用集装箱专用装卸搬运机械,稳起轻放,防止剐蹭、冲撞集装箱和货车。集装箱装车时,不得采用在货车上焊接、钉固等损坏车辆的加固方式。

5. 集装箱装车时,应填制货车装载清单,记明箱号、车号等信息。需要使用货运票据封套时,应在货运票据封套的右上角加盖集装箱类型戳记并填记箱号,在"货物品名"栏内按《铁路货车统计规则》规定填记"箱主+箱型+重(空)+箱数",在"货物实际重量"栏内填记全车集装箱总重。

(三)装车后

1. 未安装F-TR型锁的集装箱专用平车或共用平车装运空集装箱时,必须使用4股及以上8号镀锌铁线捆绑牢固。其中，使用共用平车时，将集装箱底部角件与车辆捆绑牢固；使用专用平车时，将相邻两箱底部角件捆绑在一起，仅装运一箱时，将集装箱底部角件与车辆底架捆绑牢固。

2. 装车后，货运员须与装卸人员共同检查确认车体和箱体外部状态、F-TR 锁与角件落锁情况、两用平车两端板立起状态、车号与箱号实际配装情况等装车后附属作业。

（四）卸车

1. 卸车前检查确认箱体与车辆无勾连物，若有必须事先撤除。

2. 安装 F-TR 型锁的集装箱专用平车或共用平车卸箱时，应先以低速挡点动起升 100 mm 左右，确认集装箱角件孔与车辆锁头分离后，方可继续起升。

3. 未安装 F-TR 型锁的集装箱专用平车或共用平车装运空集装箱，卸车前，必须将铁线剪断并清除干净，防止损坏车辆和箱体。板架式汽车箱按其运输条件执行。

4. 装卸和搬运集装箱应使用集装箱装卸搬运机械，稳起轻放，防止刮蹭、冲撞集装箱和货车。

（五）装卸车完毕后检查及签认

1. 集装箱装车后，逐车核对车号、箱号，确保票记信息与实际相符。

2. 集装箱装车后，箱、车外部不得有任何残留物。

3. 集装箱装车后必须确认锁头完全入位，箱门处的集装箱专用平车门挡或共用平车端板立起。

4. 集装箱专用平车或共用平车装箱后，办理站应对集装箱落锁和车号情况进行拍照或录像，照片（视频）按车号或装车日期建档留存。

（六）20 英尺 35 t 敞顶箱空箱回送

1. 回送敞顶空箱装车前，回空站必须确认箱门关闭、门把手入位，并使用 10 号镀锌铁线将箱门 4 个把手锁件拧固并剪断余尾。

2. 回空站回送敞顶空箱时（包括向集团管内车站回送，以及外局到达的重箱卸货后向外局回送），必须使用 70 t 敞车或集装箱专用、共用平车。敞车装运时按两箱箱门相对紧贴方式装载，平车装运时箱门应朝向相邻集装箱。

3. 回空站使用敞车向集团公司管内无起重能力、仅办理 35 t 敞顶箱发送的装车站回送空箱时，由回空站负责按规定装载并放置集装箱草挡。

第八节　掏　　箱

1. 集装箱的掏箱由收货人负责。铁路箱掏空后，应清扫干净，将箱门关闭良好，清除与本次运输有关的附加标记，有污染的须洗刷除污；车站应对交回的空箱进行检查，发现未清扫或未洗刷的，应在清扫或洗刷干净后接收。

2. 禁止自重 3 t 以上叉车等装卸机械进入箱内掏装箱作业。

3. 托运人或收货人提出站内装掏箱时，办理站应指定作业区域，由托运人或收货人负责装掏箱相关作业，办理站可与托运人或收货人签订协议明确托运人或收货人相关安全责任。货运人员掌握掏箱进度，重箱一次未掏空时，应采取上锁、挂牌等方式作标记，并做好交接。掏箱后，应检查箱体和空重状态。未经办理站允许，托运人或收货人不得擅自进入堆场掏装箱。

第九节　下　水　箱

铁路箱下水使用时，提箱人或还箱人须提供中铁集装箱公司出具的“铁路箱出境（下水）提箱单”，办理站需及时将出境（下水）箱信息录入集装箱管理系统。

一、提箱流程

1. 申请用箱单位通过货运电子商务系统进行“空箱预订”操作，并注明“重箱下水”；车站在集装箱系统中进行“安排空箱”操作，记录提箱信息。

遇特殊情况，如超过提箱单有效期限未能完成提箱的，用箱单位可再次生成下达新的提箱单。

对重去重回的，客户通过货运电子商务系统进行“填写运单”操作，并注明“重箱下水”；车站在集装箱系统进行“进门”操作，系统调取提箱单并记录提箱信息。

对提箱出站、站内装箱的，如为中欧班列箱、配置给各铁路局集团公司的20英尺35 t敞顶箱，客户通过货运电子商务系统进行“提箱”操作，并注明“重箱下水”；车站在集装箱运输信息系统进行“放箱”操作，系统调取提箱单并记录提箱信息。

2. 港口车站凭发站运单记载的“重箱下水”放重箱出站，在集装箱运输信息系统中录入出站时间，并填制铁路箱出站单。

铁路箱出站单甲联车站保存，乙联交用箱分公司或用箱单位；用箱分公司或用箱单位到港口站凭领货凭证提箱时，应对铁路箱箱体进行检查，对港口站填制的铁路箱出站单内容进行确认，出站单内容将作为下水铁路箱箱体质量和铁路箱使用服务费的清算依据（当系统出站时间与出站单时间不符时，以出站单时间为准）。

3.“先水后铁”提空箱下水，用箱分公司无需通过货运电子商务系统进行“空箱预订”操作。车站凭铁路箱出境（下水）电子提箱单，在全路集装箱运输管理信息系统中进行“安排空箱”操作。

4. 提空箱下水出站时，车站在集装箱运输信息系统进行“出门”操作，注明“空箱下水”，系统调取提箱单并记录下水信息，并填制铁路箱出站单。

5. 用箱分公司根据车站实际发运箱号，在综合业务系统中生成业务单，作为业务经营结算和费用核收的凭证。

二、还箱流程

1. 铁路箱下水业务还箱不指定还箱站，全路集装箱办理站均可还箱。为提前做好还箱准备工作,可预填计划还箱站,实际还箱站可根据具体情况与计划还箱站不同。用箱单位录入订单时应录入计划还箱站。

2. 用箱分公司受理客户用箱需求后,应与计划还箱站所在地分公司沟通,预报还箱信息,还箱应尽量选择国铁货场。如空箱到达车站出现还箱困难时,应与还箱站所在地分公司联系处理还箱事宜,如遇困难,及时报告公司生产调度部。

3. 全路各集装箱办理站均应接收还箱。因场站改造、能力紧张等特殊原因暂停接收还箱时,须经国铁集团货运部批准。还箱可以采用重箱或空箱方式,鼓励以重箱方式还箱。

4. 铁路箱还箱时,空箱由用箱分公司或用箱单位对铁路箱箱体进行检查,凭港口站填制的铁路箱出站单乙联,将铁路箱还到车站;还箱接收站出具还箱证明,记明数量、箱号、箱体状况、还箱日期、还箱人、车站经办人及联系电话、编号并加盖车站日期戳;重箱以运单为还箱证明;车站在集装箱运输信息系统中进行"进门"操作,系统记录还箱信息。

5. 用箱分公司应在还箱完毕后5个工作日内,收回还箱证明,保存期一年,作为资产交接凭证及铁路箱使用服务费清算的依据(当系统进站时间与还箱证明记载进站时间不符时,以还箱证明记载时间为准)。

6. "先水后铁"业务,重箱进门铁路发运前应通过货运电子商务系统填报铁路运单需求信息,无需预订空箱。

7. 办理"铁水-水铁"业务时，接空发重分公司在综合业务系统中录入订单，生成"接空箱下水"提箱单，线下集装箱交接时，重箱下水及接空箱分公司从提箱单查询页面打印"接空箱下水交接单"，双方不能涂改打印的内容，经确认后签字盖章，作为资产交接的凭证和箱使用服务费的清算依据。水铁段进站前，在货运电子商务系统中进行"填写运单"操作；车站在全路集装箱运输信息系统进行"进门"操作。

第十节　运输组织

1. 集装箱运输实行集中统一调度指挥。集装箱调度应掌握箱流、车流动态，根据铁路箱运用情况、需求变化和运用效率，及时调整铁路局集团公司、车站的铁路箱保有量。跨局调整由国铁集团集装箱调度负责，管内调整由铁路局集团公司集装箱调度负责。

2. 跨局运输时，集装箱应组织一站直达车装运。铁路局集团公司可制定管内中转集结规定，开展管内中转。

3. 铁路箱空箱凭集装箱调度命令调整。经铁路运输时，车站在"特殊货车及运送用具回送清单"内记明箱号、命令号，办理免费回送。

在铁路局集团公司管内，凭调度命令可经其他运输方式调整空箱，集装箱出站后可凭调度命令返回其他车站。调度命令应发给交出站和接收站。交出站填制"铁路箱出站单”,接收站在“铁路箱出站单”乙联上加盖站名日期戳后留存。

待修的铁路箱只准回送到箱修点;一般应在铁路局集团公司管内回送,特殊情况下确需跨局回送时,须经国铁集团集装箱调度准许。

4. 根据运输需要,可备用适当数量状态良好的铁路空集装箱。铁路箱备用必须备满 24 h,不足 24 h 解除备用时,自备用时起,仍按运用箱计算在站停留时间。

铁路箱的备用和解除由铁路局集团公司集装箱调度提出申请,国铁集团集装箱调度准许后下达调度命令执行。

第十一节　箱务管理

一、箱流调整

1. 办理站铁路箱供需不平衡时,应向货运站段申请,由货运站段向集团公司调度所申请空箱调整调度命令,办理站按照调度命令调整铁路箱保有量。

2. 办理站根据站存箱情况和装卸能力,及时组织交付和掏箱作业,制定空箱装车计划,在满足重箱发送的情况下,按照集装箱调度命令完成空箱回送任务。

3. 铁路空箱回送前,办理站应检查箱体状态,防止空箱状态不良导致到站无法使用,状态良好的空箱不得以修理箱命令回送。

4. 集团所属 20 英尺 35 t 敞顶集装箱跨局调用时，各货运站段、集装箱办理站须建立局属敞顶箱、篷布出局使用台账，并及时跟踪敞顶箱、篷布回送情况。

二、汽车调箱

1. 铁路空箱使用汽车调拨时，提箱人应提前向交出站申请，交出站在集装箱信息系统录入出站单信息，并打印纸质出站单和“铁路空箱汽车调拨单”（见附录 8）交提箱人，提箱人凭出站单提箱出站；铁路箱进站时，还箱人出示铁路箱出站单和铁路空箱汽车调拨单，接收站（含铁路专用线、专用铁路）须凭铁路空箱汽车调拨单接收并将出站单信息录入集装箱管理信息系统，出站单随箱联和铁路空箱汽车调拨单留存，同时在出站单收据上加盖站名日期戳和车站经办人章后交回还箱人。接收站禁止接收无“铁路空箱汽车调拨单”的汽车调拨铁路箱。

交出站、接收站须及时、准确使用集装箱信息系统录入进出站信息。

2. 汽车调箱仅限集团公司管内使用。跨货运站段汽车调拨空箱时，发到站需协商一致、确认接卸条件后方可办理。

3. 办理站应加强铁路箱出站管理，核查提箱人是否签订铁路箱出站使用协议，防止未经允许提箱出站，确保资产安全。

三、铁路箱管理

(一)大点箱和铁路箱清查

1. 大点箱管理。大点箱指在集装箱办理站停留时间超过 30 天的铁路通用箱。异常箱指在集装箱办理站停留时间超过 100 天的铁路箱。办理站产生大点箱和异常箱后,应及时分析原因并进行处理。

2. 铁路箱清查。办理站每月按箱号清查铁路箱保有量,发现站存箱信息不符时,应查明原因并报集装箱调度;发现铁路箱丢失或去向不明,应在次日内向集团公司货运部报告。

(二)集装箱损坏、丢失责任划分

1. 铁路箱发生损坏、丢失时,车站编制“铁路箱破损记录”(附录 9)作为责任划分和赔偿依据,由责任者在“铁路箱破损记录”内签认并负责赔偿。丢失或因损坏报废时,按市场重置价格赔偿;铁路箱市场重置价格由产权单位报国铁集团货运部公布。损坏时,按实际发生费用(包括修理费、修理回送费、延期使用费及吊装搬运费等)赔偿。

2. 铁路箱损坏责任按下列原则划分。

(1)到站卸车发现损坏,除卸车作业导致损坏、能判明其他责任者、发站证明没有责任的以外,由发站赔偿;站内掏箱发现集装箱地板、端侧壁、顶部等内部损坏,除掏箱作业导致损坏及能判明其他责任者以外,由发站赔偿。到达的集装箱出站后,发站不再承担赔偿责任。

到站认为集装箱损坏为发站责任的,应于卸车或站内掏箱 24 h 内拍照，编制“铁路箱破损记录”；将损坏情况以电报拍发给发站，抄送发送、到达铁路局集团公司货运部门以及国铁集团货运部、铁路箱产权单位。

(2)集装箱在车站(包括：站内、站外、铁路专用线、专用铁路等)发生损坏，由该站赔偿；车站应拍照并编制“铁路箱破损记录”。

集装箱损坏属托运人、收货人、铁路专用线、专用铁路、接取送达单位等责任的，车站按规定索赔。

(3)返回车站的集装箱在站外发生损坏时，由收货人或接取送达单位赔偿；收货人认为属托运人装箱等原因导致地板、端侧壁、顶部等内部损坏的，由收货人向托运人索赔。

3. 发生铁路交通事故导致铁路箱破损或报废时，应由事故地点所在货运站段安排货运人员，现场查看铁路箱损坏情况，编制“铁路箱破损记录”，对箱号和破损情况进行拍照，并及时向集团公司货运部报告。

4. 铁路敞顶箱篷布、篷布绳索及篷布支撑杆破损和报废的，比照铁路箱处理。

5. 自备箱损坏、丢失时，车站应编制货运记录，按《铁路货物损失处理规则》的规定处理。

(三)破损箱扣修和送修

1. 集装箱应按规定进行定期检验，保证质量满足铁路运输安全要求。集装箱从出厂到第一次检验的间隔期不得超过 5 年，以后检验的间隔期不得超过 2.5 年。

2. 铁路箱扣修由车站负责，通用箱执行铁道行业标准《通用集装箱在铁路车站检查的技术要求》(TB/T 3207),特种货物箱、专用箱按其运输条件执行。

3. 铁路箱需修理时,由车站填写"铁路箱修理通知书"(见附录 10)。需要回送其他车站修理时,凭集装箱调度命令,在"特殊货车及运送用具回送清单"内填记"修理箱"字样,到站填写"铁路箱修理通知书"送修。

4. 铁路箱送修时,送修站须同时将"铁路箱破损记录"、破损箱追责电报同时传真至维修站。

(四)破损箱图例

常见破损箱如图 2-11-1～图 2-11-10 所示。

图 2-11-1　箱体外部锈蚀

图 2-11-2　箱体顶部锈蚀

图 2-11-3　角件焊道开裂

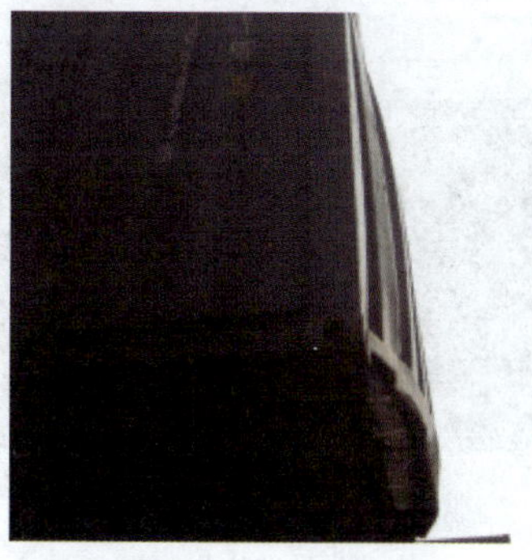

图 2-11-4　箱体外胀

图 2-11-5　箱底板损坏(1)

图 2-11-6　箱底板损坏(2)

图 2-11-7　角件开裂

图 2-11-8　箱内污损

图 2-11-9　箱体横梁损坏

图 2-11-10　箱体垮塌

第十二节　中欧班列

一、中欧班列定义

中欧班列是指经阿拉山口(霍尔果斯)、二连、满洲里(绥芬河)口岸出入境,在中国与欧洲国家间开行,固定发到站、固定车次和运行线,明确开行周期和全程运行时刻,按快运货物班列模式组织开行的集装箱国际联运货物列车。

二、中欧班列安全管理

1. 中欧班列限装普通货物,严禁装运危险货物。

2. 拟通过中欧班列运输的自备箱外部尺寸和总重不符合国家标准的,须确定运输条件后方可上路运输。货运中心收集集装箱证书和铭牌信息、箱体照片等资料,检查确认箱体状态良好、标识标记齐全以及外部尺寸、箱号、代码与集装箱证书记载一致后,提出运输条件报集团公司货运部审核公布。

3. 重集装箱进站时，托运人应出具“箱内货物装载良好，未匿(伪)报货物品名，未夹带危险货物”的承诺书，盖章后交装车站留存，确保箱内货物装载安全。

4. 承运人有权对集装箱品名、重量和装载质量等进行检查。因托运人或收货人违约责任，发生集装箱超偏载或铁路交通事故等严重安全问题时，物流车间(办理站)应按有关规定和合同约定扣罚其保证金，具体标准由货运中心制定；对违反法律法规的行为，由物流车间(办理站)向有关部门报告。

5. 货运中心应建立客户信用评级和安全生产负面清单制度。将箱体破损、匿(伪)报品名、夹带危险货物和货物装载不良等影响现实安全的严重问题，纳入“安全生产负面清单”，并与客户信用评级关联，按照“守信激励、失信惩戒”的原则，对不同信用等级的客户，提供差异化的服务。

对于违反“安全生产负面清单”的客户，除扣除信用积分、影响评级之外，集团公司将在管内进行通报，引导客户遵守安全规定、依法诚信经营。

6. 进出口集装箱检查规定。

(1)进口的铁水联运集装箱，经当地海关检查并施关封，或铅封不变的转关集装箱，办理站使用设备检测确认装载质量符合要求后，可不再开箱检查。

(2)“门到门”运输或专用线(专用铁路)内装运的出口集装箱，经海关施封后进站，托运人提供装箱照片，经办理站确认装载良好后，可不再开箱检查。

(3)装车前，办理站如发现进出口的集装箱存在重大安全隐患，应会同托运人开箱检查，消除隐患后方可装车。

7. 中欧班列装运的货物，实行“实名制”运输。办理站受理货物运输，须根据托运人（经办人）填写的姓名，与托运人（经办人）身份证进行核对。发现托运人（经办人）填写的姓名与提供的身份证不符或者拒绝提供身份证的，一律拒绝受理。

8. 受理货物运输时，办理站应认真核对货物品名、性质等信息，确认受理的货物为非危险货物和非禁运品。托运人拒绝检查或检查发现不明性质货物且未能提供国家安全生产监督管理部门认定的检测机构出具的鉴定报告时，不得受理承运。

第十三节　多式联运

一、定义及特点

集装箱多式联运是指按照多式联运合同，以至少两种不同的运输方式，由多式联运经营人将货物从发送货物的地点运至指定交付货物的地点。

集装箱多式联运以集装箱为运输单元，将不同的运输方式有机地组合在一起，构成连续的、综合性的一体化货物运输。通过一次托运，一次计费，一份单证，一次保险，由各运输区段的承运人共同完成货物的全程运输。

二、集装箱多式联运组织形式

集装箱多式联运组织形式包括海陆联运、陆桥运输、海空联运。

第十四节　集装化运输

一、定义

集装化运输是指使用集装用具或自货包装、捆扎等方法将散装、小件包装、不易使用装卸机械作业的货物按规定集装成特定的单元后运往到站的一种货物运输方式。

二、集装化用具

1. 在集装化运输中,用以集装货物的箱、盘、笼、袋、夹、绳等称为集装用具。主要集装用具有集装盘、集装笼、集装桶、集装袋、集装网、集装捆、集装架、预垫绳等。

2. 集装用具的回送

集装化货物运抵到站后,对企业自备的集装用具,应一并交给收货人。对需要回送的集装用具,收货人凭特价运输证明书办理回送,车站应优先运输。对到站回送的铁路集装用具,应填写“特殊货车及运送用具回送清单”办理回送。

3. 1.5t 箱

1.5t 小型箱是铁路专用集装化用具,仅用于装载零散货物,主要在零散货物快运中心站、作业站间运输,根据客户运输需求可开展门到站、站到站、站到门、门到门服务。

第三章　系统操作

第一节　集装箱作业流程

集装箱作业流程如图 3-1-1 所示。

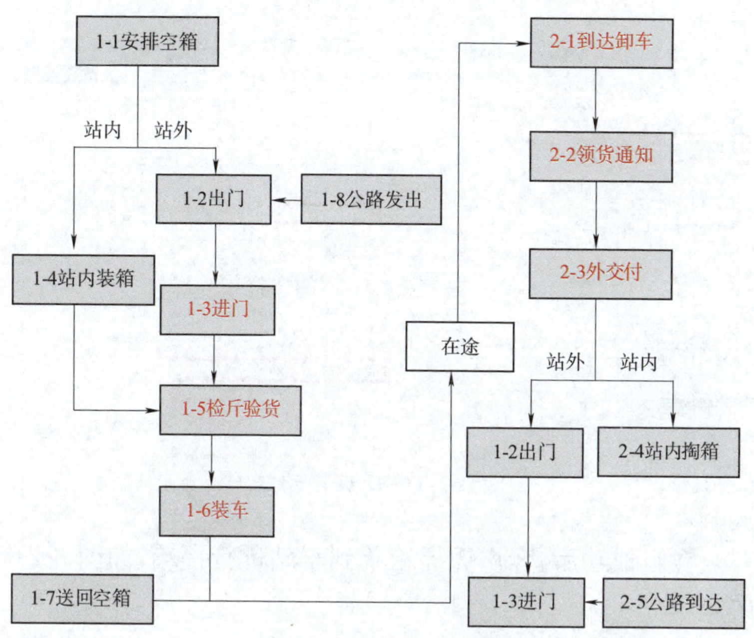

图 3-1-1　核心版本流程

（注：图为铁路通用标准箱流程，红色字体为自备箱、铁路特种箱流程。）

第二节　发送作业流程

1. 预订铁路箱（含国铁 35 t 铁路敞顶箱预订 TBJU830000—899999、630004—670003）

客户登录电商系统，依次点击【集装箱服务】—【空箱预订提报】，填写发货信息、收货信息、定箱信息、付费方式、增值税信息等信息后点击【提报】，如图 3-2-1 所示。

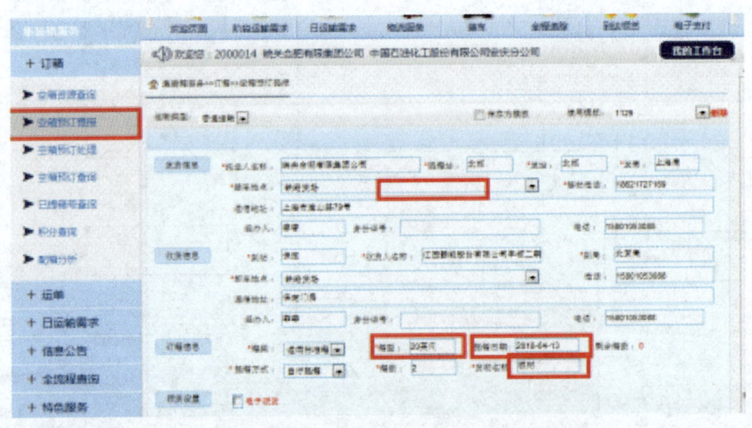

图 3-2-1　预订铁路箱

预订成功后，客户凭提箱单到车站进行提箱，如图 3-2-2 所示。

2. 安排空箱

车站根据客户提报的铁路通用箱预订信息安排站内可用空箱。

（请使用A4纸打印）　　打印　返回

铁路箱提箱单

填记人：　　　　填记时间：　　　　甲联/乙联

预订号	DQ1805160010			发站	小塘西	到站	武威南	箱型	20英尺
托运人	佛山市南海区君顺物流有限公司			收货人	武威市闽益商贸有限责任公司物流分公司			箱类	通用标准箱
装车地点	铁路货场			卸车地点	铁路货场				
预订数	2	配箱数	2	退订数	0	逾期未提箱数	0	核减数	0
提箱人	**佛山市南海区君顺物流有限公司**			提箱日期		2018-05-16		提箱站	**小塘西**

提箱记录：

序号	箱号	配箱时间	出站(站内装箱)时间	落空责任及原因
1		05-16 08:24		
2		05-16 08:24		

退换记录：

序号	原箱号	进站时间	新箱号	出站时间	落空责任及原因

提箱人（章）		车站日期戳	
提箱经办人（签字）		车站经办人（签字）	
联系电话		联系电话	

备注：1. 本提箱单一式两联，由提箱单位盖章，甲联由车站留存，乙联由提箱单位留存。

2. 本提箱单留存1年。

✓ 可信站点

图 3-2-2　铁路提箱单

(1)在集装箱系统中点击【安排空箱】，进入安排空箱页面。

(2)系统显示空箱预订信息，可以通过预订号、到站、提箱日期查询。根据客户提箱单，选择【提箱日期】，系统显示所在日期的空箱预订信息，可以通过预订号、到站进行筛选查询，如图 3-2-3 所示。

(3)点击【提箱录入】，弹出安排空箱的操作窗口，如图 3-2-4 所示。

(4)输入箱号。装箱地点默认为“站外”，请输入集卡

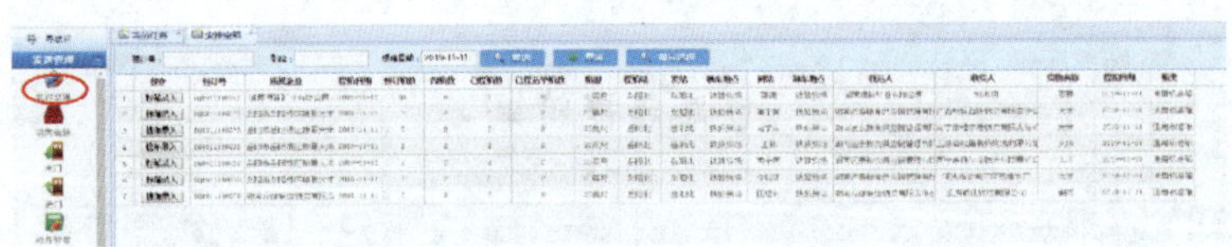

图 3-2-3　空箱预订信息

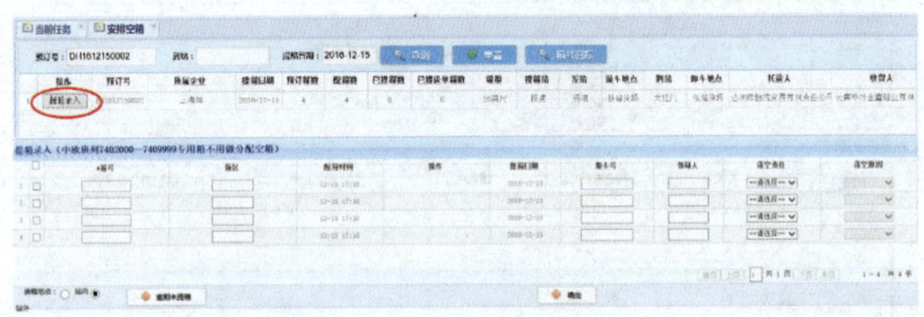

图 3-2-4　提箱录入

号、领箱人(如在站内装箱,请点击“站内”),点击【保存】,如图 3-2-5 所示。

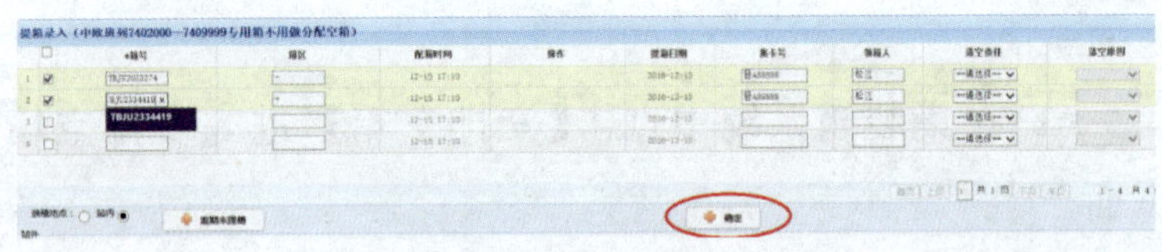

图 3-2-5　输入箱号

3. 补填箱号(站外装箱,须先办理出门流程,再补填箱号)

(1)在电商系统中依次点击【集装箱服务】—【运单】—【补填箱号】,根据提交日期、发到站等信息查询出需补录箱号需求,勾选需求后点击【补填箱号】,如图 3-2-6 所示。

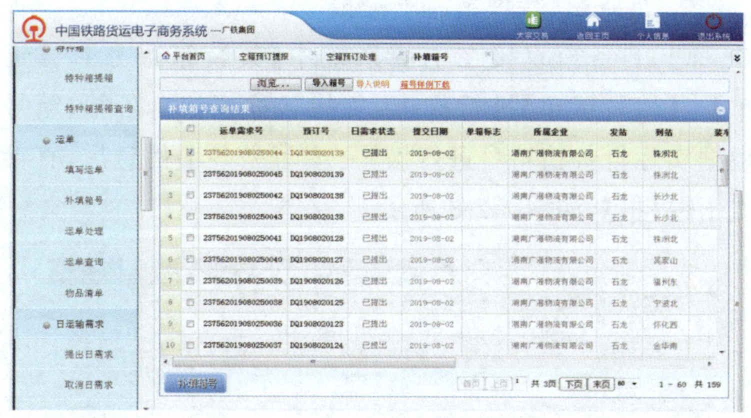

图 3-2-6　补填箱号

（2）进入补填箱号界面后，在【货物信息】中点击【箱号】，系统自动跳出空箱箱号，选择上一步在集装箱系统分配的箱号，核查各项信息无误后，点击提交，如图 3-2-7 所示。

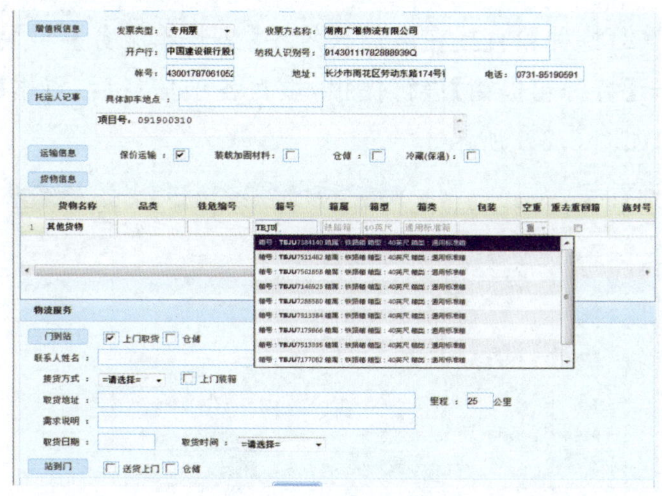

图 3-2-7　选择箱号

4. 自备箱、特种箱需求提报

(1)自备箱直接在电商系统中【集装箱服务】—【运单】—【填写运单】进行提报，货物名称填记自备箱，箱号根据实际自备箱箱号进行填写，填写完各项信息后，直接点击【提报】，如图 3-2-8 所示。

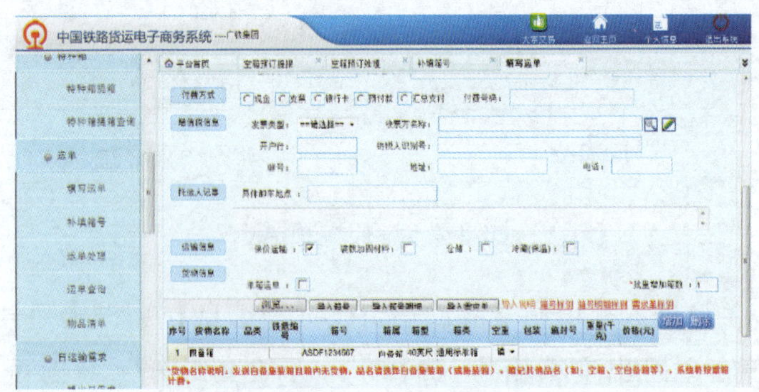

图 3-2-8　自备箱需求填报

(2)特种箱直接在电商系统中【集装箱服务】—【特种箱】—【特种箱提箱】进行提报，填写各项信息后，点击【提报】，如图 3-2-9 所示。

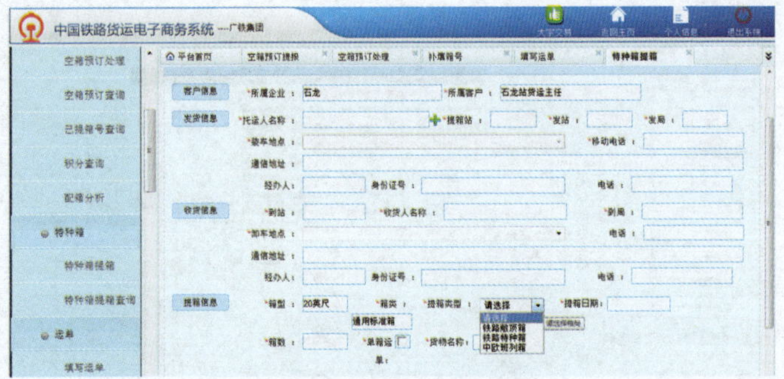

图 3-2-9　特种箱需求提报

提交后，提示如图 3-2-10 所示。

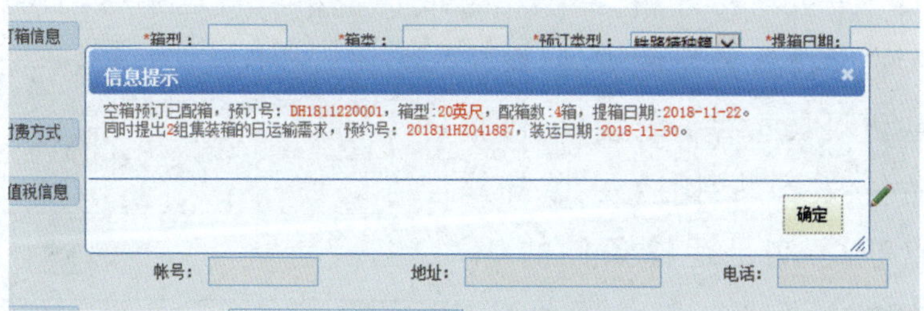

图 3-2-10 提示信息窗口

之后在集装箱系统点击“安排特种箱”菜单，进行安排箱号，如图 3-2-11 所示。

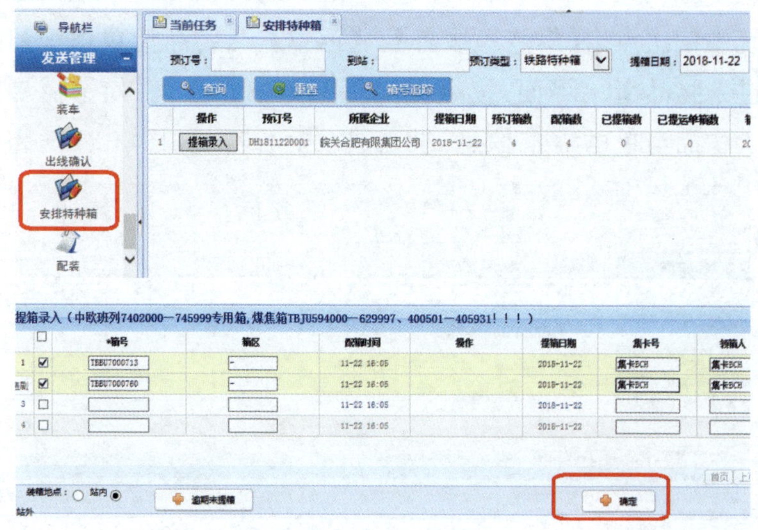

图 3-2-11 安排特种箱

注：35 t 铁路敞顶箱：局属箱（TBJU100000—146599、813000—813799）、配属箱（TBJU050000—083999）与自备箱流程一致。

5. 危险品校验

集装箱在订箱、补填箱号或自备箱填写运单时，若输入的货物品名为危险品，系统自动调取危货系统接口，校验品名、发到站、托运人、装卸地点等，不满足运输条件的，不能通过，如图 3-2-12 所示。

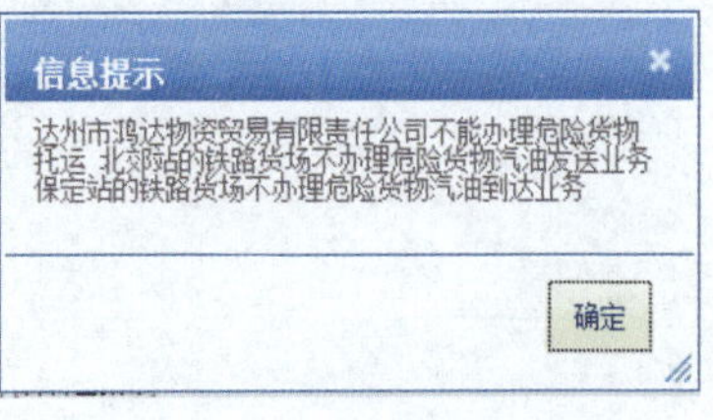

图 3-2-12　危险品校验

6. 物品清单提报

客户提报品名为“混装货物”(两个及以上品名)需求时，需填记物品清单。

铁路集装箱/自备箱/特种箱提报完需求后，在电商系统中依次点击【集装箱服务】—【运单】—【物品清单填记】，进入物品清单界面，按照提交日期等信息查询，勾选需录入物品清单的需求信息，录入成功后保存，如图 3-2-13 和图 3-2-14 所示。

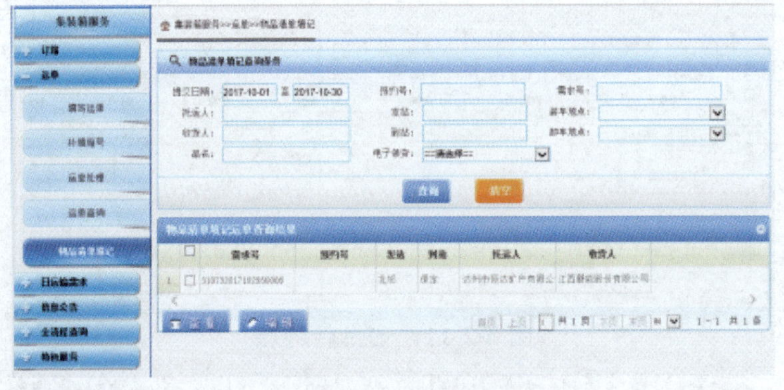

图 3-2-13　物品清单填记

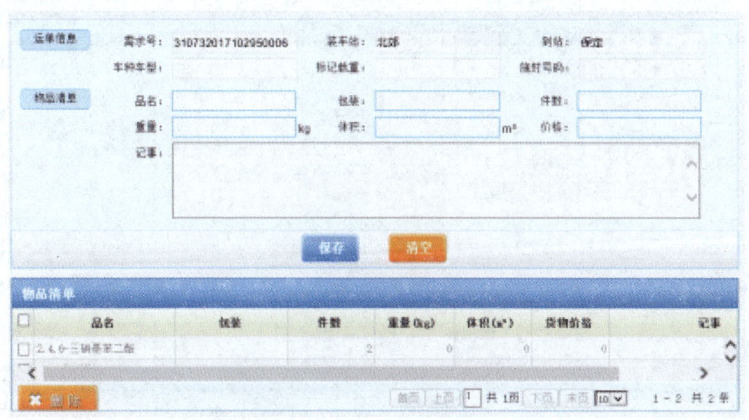

图 3-2-14　录入物品清单信息

7. 增加戳记及证明文件

铁路集装箱/自备箱/特种箱录入物品清单后，在电商系统中依次点击【集装箱管理】—【戳记及证明文件】，进入界面后，选择需求信息后，分别添加标志及记事后保存，如图 3-2-15 和图 3-2-16 所示。

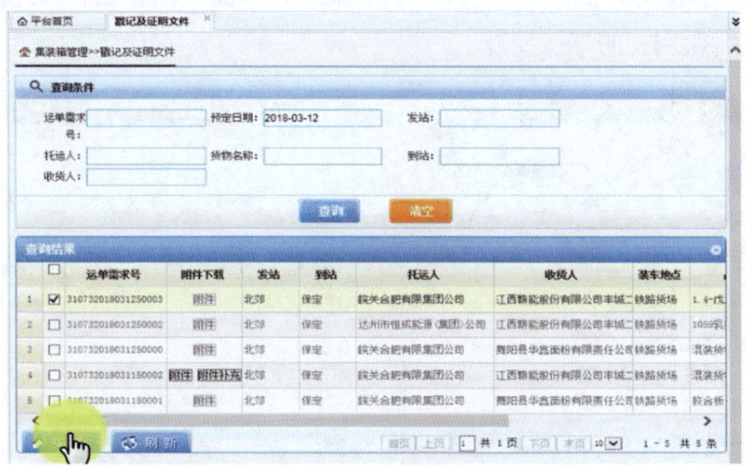

图 3-2-15　戳记及证明文件界面

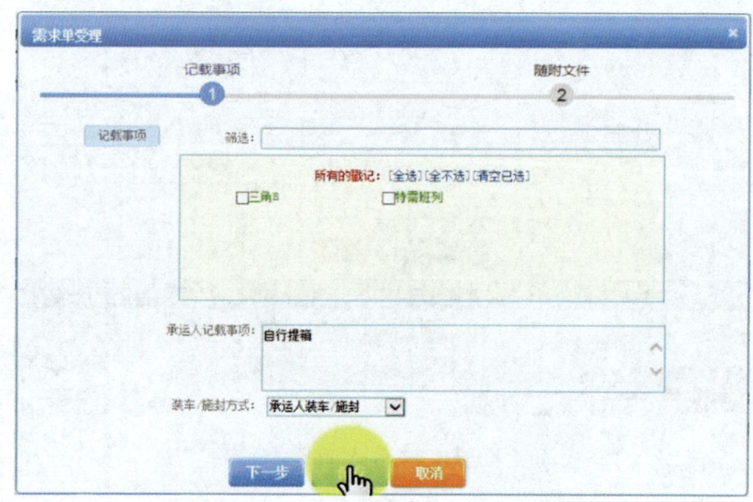

图 3-2-16　添加标志及记事窗口

8. 出门

登录集装箱系统，点击【出门 2019】，进入界面后直接点查询或是输入箱号进行查询。点击【出门】，系统提示操作成功，并自动弹出铁路箱出站单界面，如图 3-2-17 和图 3-2-18 所示。

图 3-2-17　出门 2019 界面

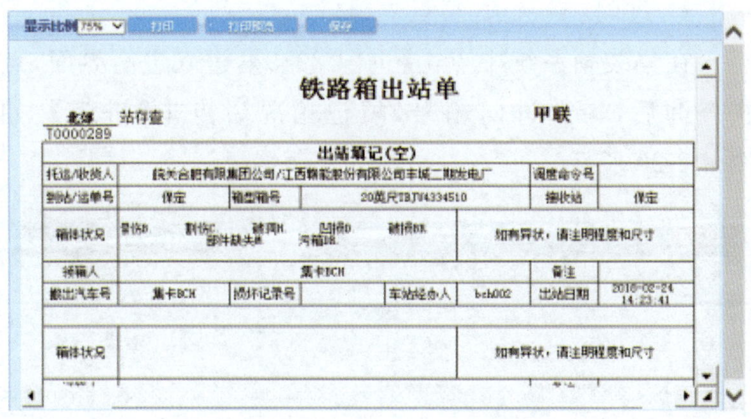

显示比例 75%　打印　打印预览　保存

铁路箱出站单

北塘 站存查　　甲联

T0000289

出站箱记(空)							
托运/收货人	皖关合肥有限集团公司/江西赣能股份有限公司丰城二期发电厂					调度命令号	
到站/运单号	保定	箱型箱号	20英尺TBJU4334510			接收站	保定
箱体状况	裂损B　割伤C　破洞H　凹损D　破损BR　部件缺失M　污箱DR				如有异状，请注明程度和尺寸		
接箱人	集卡BCH					备注	
搬出汽车号	集卡BCH	损坏记录号		车站经办人	bzh002	出站日期	2016-02-24 14:23:41
箱体状况					如有异状，请注明程度和尺寸		

图 3-2-18　铁路箱出站单

特殊出门：该功能只适用于军运等特殊物资运输。

(1)点击【特殊出门】，进入特殊出门页面。

(2)填入需要特殊出门的箱号以及其他信息，点击【特殊出门提交】，如图 3-2-19 所示。

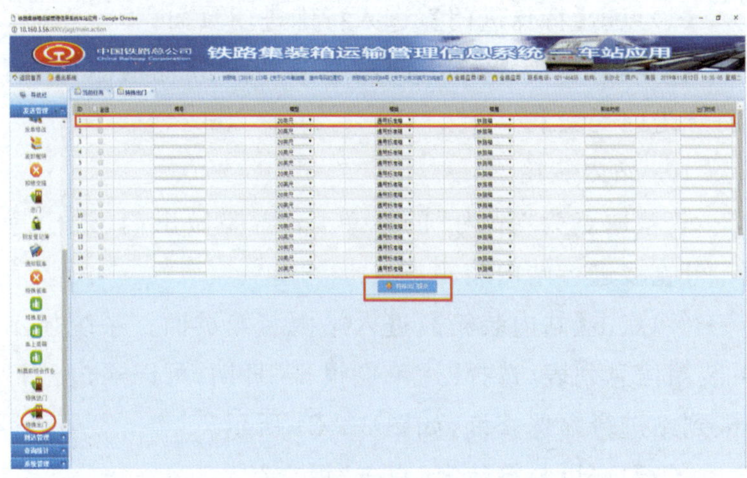

图 3-2-19　特殊出门界面

9. 进门

在集装箱系统中点击【进门 2019】,进入进门界面,点击查询后,勾选进门箱号,填记箱况后点击【进门】,如图 3-2-20 所示。

图 3-2-20 进门 2019 界面

特殊进门:该功能只适用于军运等特殊物资运输。

(1)点击【特殊进门】,进入特殊进门页面。

(2)填入需要特殊出门的箱号以及其他信息,点击【特殊进门提交】。

10. 站内装箱

装箱地点为"站内"的运单,不需要做出门、进门操作,可直接进行站内装箱。

(1)点击【站内装箱】,进入站内装箱页面。系统显示可装箱信息列表,选择"运单提报日"日期,可以通过预订号、到站进行筛选查询,如图 3-2-21 所示。

(2)勾选可装箱信息,点击"提交"。

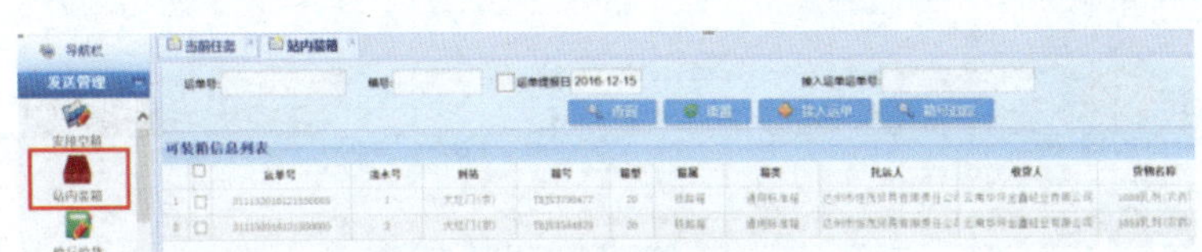

图 3-2-21　站内装箱信息查询

(3)在已站内装箱列表中,点击“撤销”可以撤销对应箱号的站内装箱作业。撤销后可再次操作,如图 3-2-22 所示。

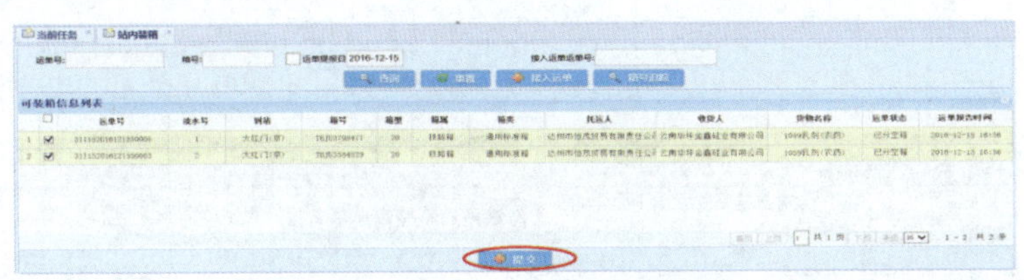

图 3-2-22　站内装箱提交界面

11. 检斤验货

在集装箱系统中依次点击【发送管理】—【检斤验货】,进入检斤验货界面,点击查询,填好重量、施封号信息勾选后,点击提交,如图 3-2-23 所示。

12. 计费制单

登录制票系统后,点击【集】进入集装箱计费界面,选择开始及结束日期,查询出需求单号后进行双击,信息自动弹出后点击【记事】,选择需填记的记事后,点击计费,核对费用无误再点击打印,如图 3-2-24 所示。

13. 按列装车

如图 3-2-25 所示。

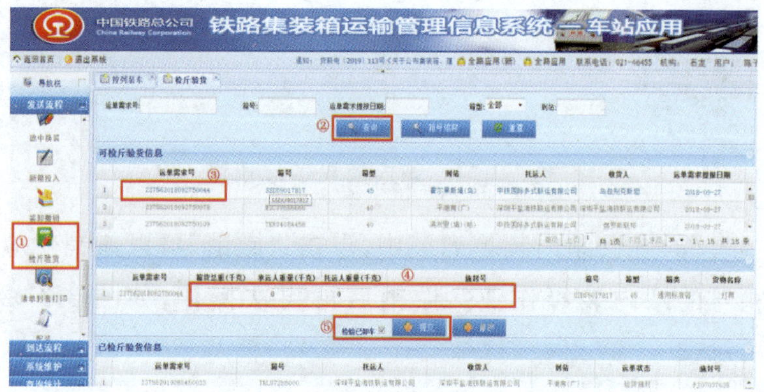

图 3-2-23　检斤验货界面

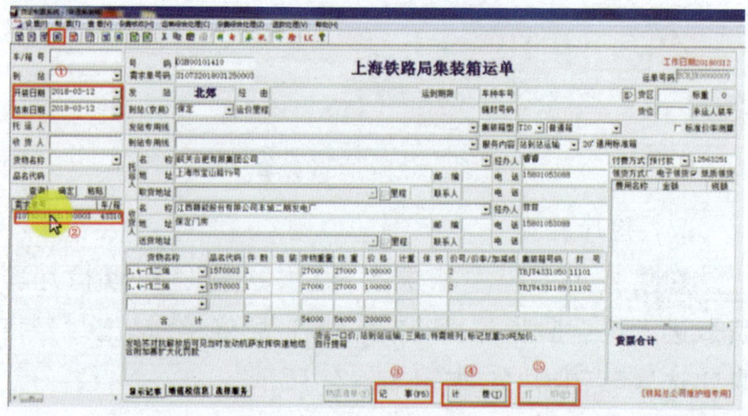

图 3-2-24　集装箱计费界面

(1)在集装箱系统中依次点击【发送流程】—【按列装车】,进入按列装车后,选择入线日期、装车股道点击查询。

(2)查询出信息后,选择需装车的车号,点击需求单号,在自动弹出的需求单信息中选择需匹配需求单。

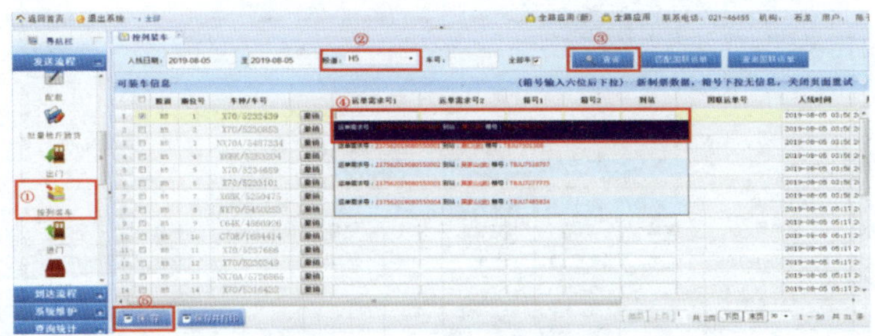

图 3-2-25　按列装车界面

(3)选择装车需求单后,根据实际修改入线、开装、出线时间,再点击保存。

14. 装卸清单、回送回卸清单

装卸车作业(包括装卸重箱或回送回卸空箱)完毕后,应及时查看同步状态,同步现车和同步票据库状态都为已同步的方可通知取车,未同步的需 12 h 内完成同步操作,如图 3-2-26 所示。货车装载清单如图 3-2-27 所示。

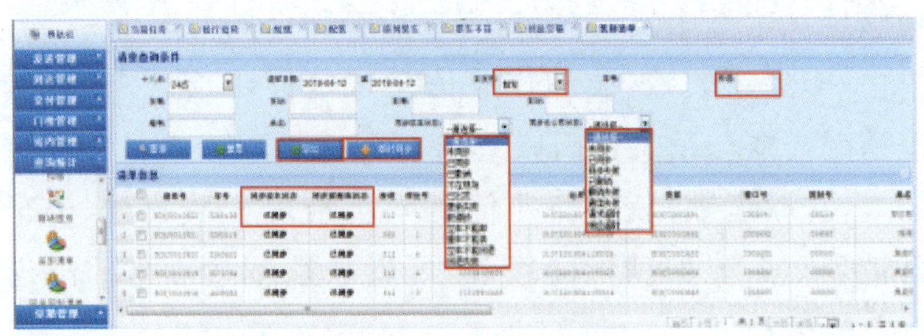

图 3-2-26　装卸清单界面

上图中同步状态含义:

(1)未同步:还未将装卸作业信息同步给现车系统;

显示比例 80% 打印 打印预览

货车装载清单

装车站 北郊 卸车站 满洲里(境) 车次

车种车号	NX17/5264563		标记载重			施封号码		
运单号	发站	到站	货物名称	件数	包装	重量(kg)	箱型	箱类
BCHJC0001674	北郊	满洲里(境)	车床	1		26000	40	通用标准

计划员： 杜伟军

装车货运员： 杜伟军 卸车货运员：

图 3-2-27　货车装载清单

(2)已同步:已将装卸作业信息成功同步给现车系统;

(3)已撤销:已将装卸撤销信息同步给现车系统;

(4)不在现场:现车系统根据关键字未找到对应车号,主要出现在补录现车的情况下;

(5)已出发:装卸作业信息同步给现车系统时,该车辆已经从本站出发,主要出现在后补作业的情况下;

(6)更新失败:装卸作业信息未能同步给现车系统,该情况需要与信息部门联系排查问题;

(7)股道锁:装卸作业信息同步给现车系统时,该车已被现车系统加锁不能修改,可以联系车站行车部门进行车号解锁;

(8)空车不能卸:装卸作业信息同步给现车系统时,该车在现车系统已是空车,主要出现在使用货调功能卸车或已被其他系统卸车的情况下;

(9)重车不能装:装卸作业信息同步给现车系统时,

该车在现车系统已是重车,主要出现在使用货调功能装车或已被其他系统装车的情况下;

(10)空车不能撤销:装卸撤销信息同步给现车系统时,该车已是空车,主要出现在该车的空重已被人工修改的情况下;

(11)回退失败:未能将装卸撤销信息同步给现车系统。

根据图 3-2-28 所示点击【导出】按钮,将数据导出到 Excel 中。

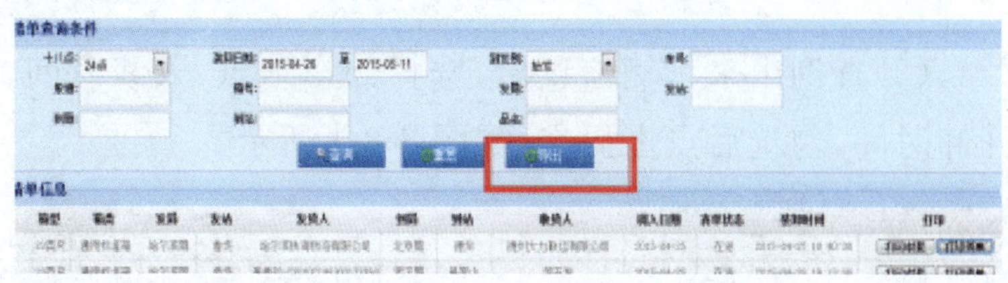

图 3-2-28 清单查询条件界面

15. 通知取车

在集装箱系统中依次点击【发送管理】—【通知取车】,进入通知取车界面,点击查询,勾选作业完毕车辆后,点击【通知取车】,如图 3-2-29 所示。

第三节 到达作业流程

1. 到达卸车

(1)在集装箱系统中依次点击【到达管理】—【到达卸车】,进入到达卸车界面,选择股道点击查询。

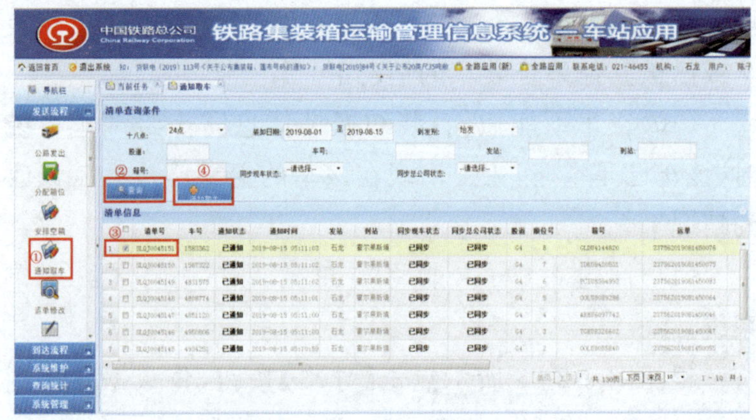

图 3-2-29　通知取车界面

(2)查询出来车辆信息后，选择卸车地点、入线时间、开卸时间，勾选后点击提交，如图 3-3-1 所示。

图 3-3-1　选择卸车信息界面

2. 通知取车

在集装箱系统中依次点击【发送管理】—【通知取车】，进入通知取车界面，点击查询，勾选作业完毕车辆后，点击【通知取车】，如图 3-3-2 所示。

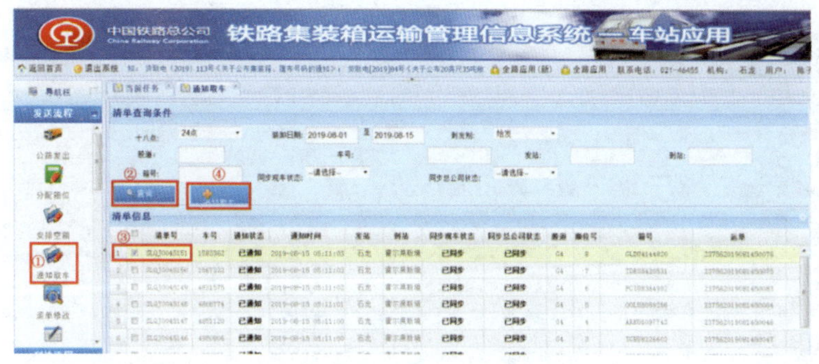

图 3-3-2　通知取车界面

3. 领货通知

选择【交付管理】—【领货通知】，输入运单号、箱号查询未通知货物信息，选择通知方式和通知电话，点击【提交】，如图 3-3-3 所示。

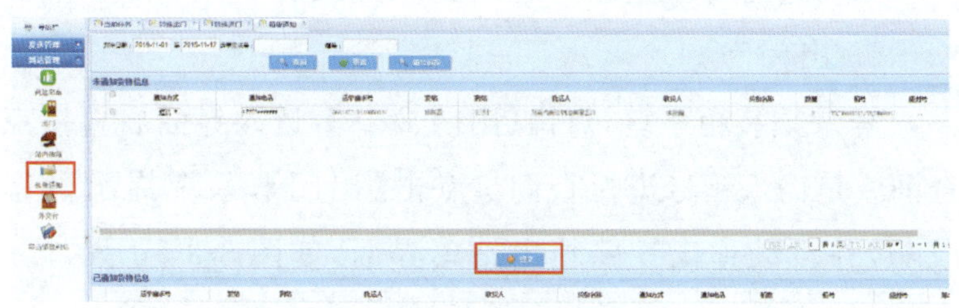

图 3-3-3　领货通知界面

4. 外交付

(1)在货票系统完成内交付后，在集装箱系统中依次点击【到达管理】—【外交付】，进入外交付界面，选择日期点击查询，查询出来后选择需要外交付的需求数据，填写集卡号、领箱人等信息，点击提交完成外交付，如图 3-3-4 所示。

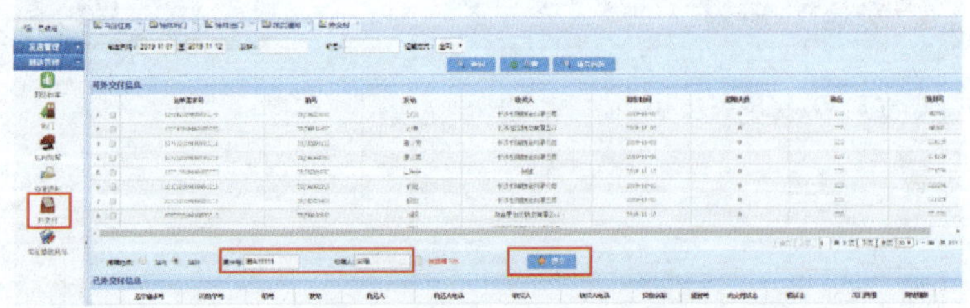

图 3-3-4　外交付界面

(2)到站凭运单副本收货人存查联与收货人办理货物交接,在运单副本收货人存查联上加盖“货物交讫”章,电子运单状态变更为“已交付”。

(3)到站核收相关费用后,打印运单副本两联,加盖车站日期戳,收货人签章,将收货人存查联交收货人。

(4)纸质领货凭证与运单副本到站存查联合订保存。

5. 出门

登录集装箱系统,点击【出门 2019】,进入界面后直接点查询或是输入箱号进行查询。点击【出门】,系统提示操作成功,并自动弹出铁路箱出站单界面,如图 3-3-5 所示。

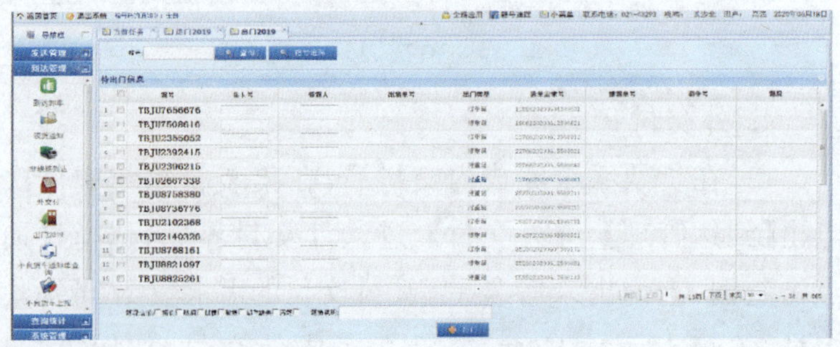

图 3-3-5　出门 2019 界面

6. 进门

在集装箱系统中点击【进门2019】,进入进门界面,点击查询后,勾选进门箱号,填记箱况后点击【进门】,如图3-3-6所示。

图3-3-6　进门2019

7. 站内掏箱

在"外交付"功能中选择掏箱地点为"站内"的运单,可直接在站内掏为空箱,不用做"出门、进门"作业。

(1)点击【站内掏箱】,进入站内掏箱页面。

(2)选择卸车日期、交付日期、箱号等,点击【查询】,系统显示可站内掏箱的信息,在"可站内掏箱信息"栏中。勾选要掏箱的信息,点击【提交】,完成站内掏箱,如图3-3-7所示。

特殊站内掏箱:该功能只适用于军运等特殊物资运输。如图3-3-8所示。

(1)点击"特殊站内掏箱",进入特殊站内掏箱页面。

(2)填入需要特殊掏箱的箱号以及其他信息,点击【特殊站内掏箱提交】。

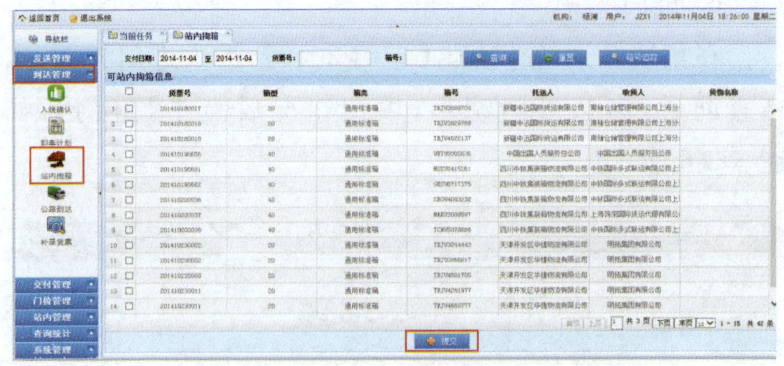

图 3-3-7　站内掏箱界面

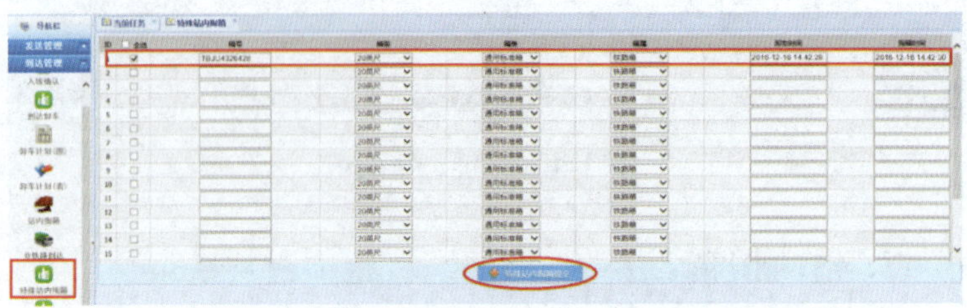

图 3-3-8　特殊站内掏箱界面

第四节　其他情况

1. 回装空箱

该功能针对铁路空箱的回送作业，可以按股道成批录入，如图 3-4-1 所示。

(1)点击【回装空箱】，进入回装空箱页面。

(2)选择股道、车号信息，系统显示车辆入线日期、顺位号等信息，填写到站、调令号、箱号，点击【提交】按钮。

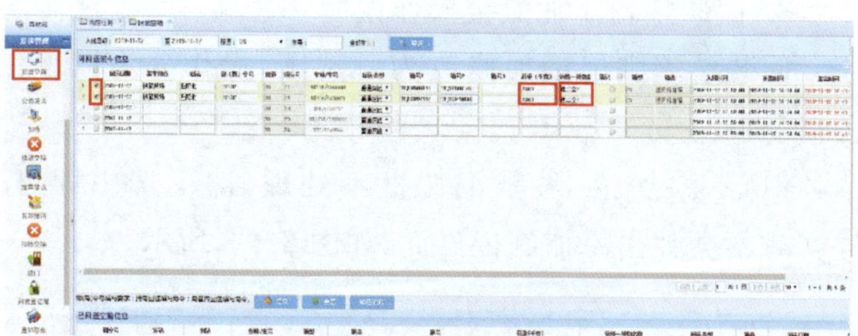

图 3-4-1 回装空箱界面

(3)铁路集装箱回送时,跨局回送的调度命令号码填记部令,局管内回送时填记局令。

(4)回送空箱出境:

集装箱车站应用【回装空箱】中新增“回送类型”、“用箱企业”栏。针对空箱出境业务,装车站选择“回送类型”栏内的空箱出境业务并填写用箱企业信息,可以勾选多条车辆信息进行批量填写,如图 3-4-2 所示。

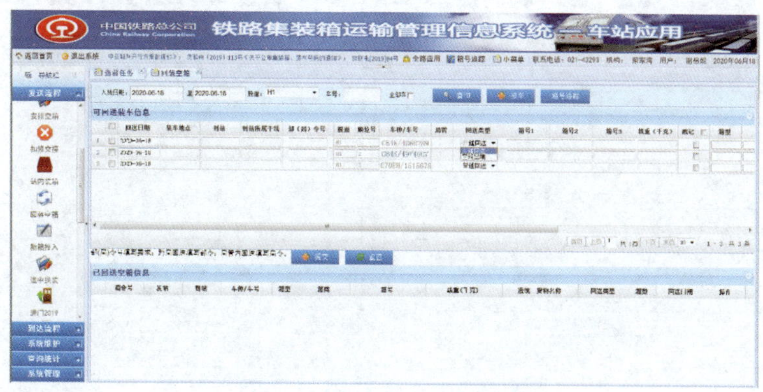

图 3-4-2 回送空箱出境界面

2. 回装空箱添加戳记操作说明

回装空箱戳记添加修改为可选项，操作分为以下三种情况：

(1)不添加记事，戳记选框不处理，即不选中即可。提交时不会弹出添加戳记界面，如图 3-4-3 所示。

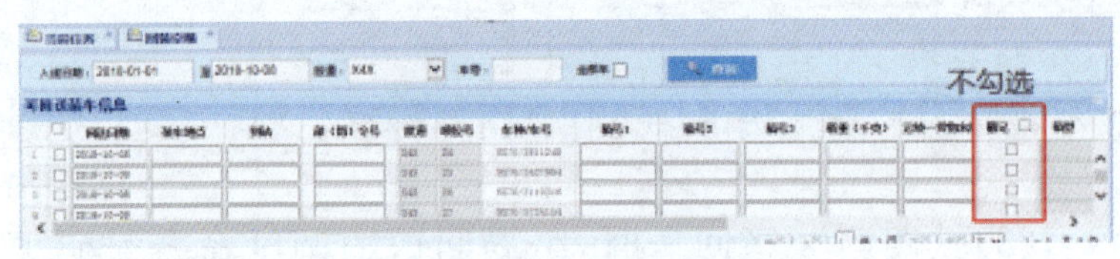

图 3-4-3　不添加记事

(2)所有提交数据都需添加戳记，选中戳记后“选框”，即全选，提交后会弹出添加戳记界面，选中提交后，选中的戳记会添加到每个清单中，如图 3-4-4 所示。

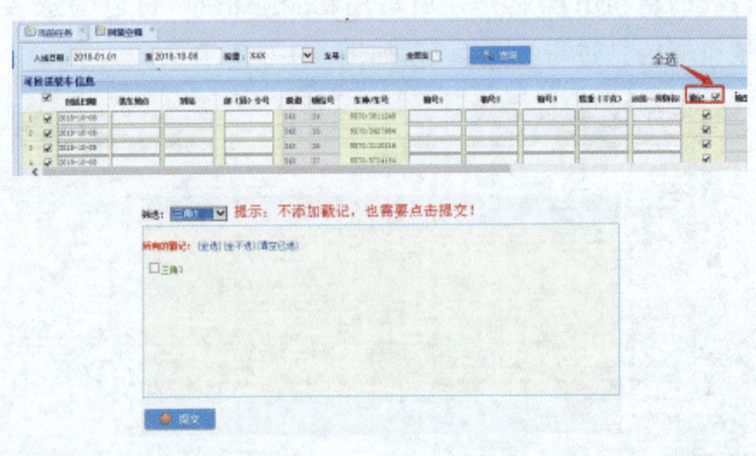

图 3-4-4　全选添加记事

(3)提交数据中，其中几条需要添加戳记，可勾选其中几条，提交后弹出添加戳记界面，选中提交后，选中的戳记会添加到勾选清单中，如图 3-4-5 所示。

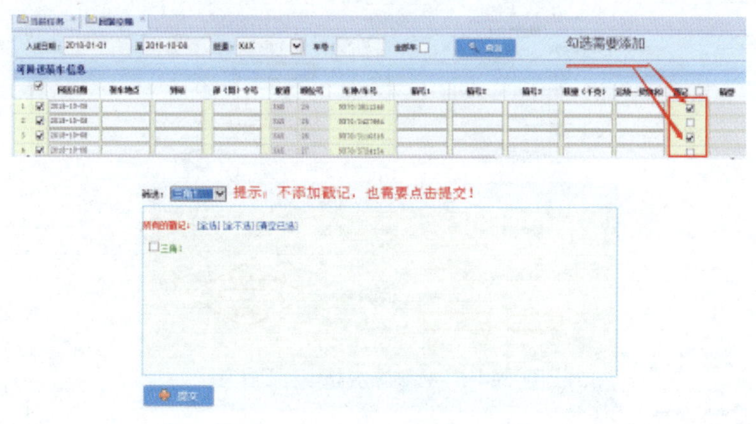

图 3-4-5　勾选添加记事

3. 货运记录装卸车

(1)货运记录装车

①凭货运记录装车的，装车站应先通过保价系统编制货运记录，如图 3-4-6 所示。

②点击【货运记录装车】，进入装车页面。输入编制货运记录的起止日期，点击【查询】。选择需要回送装车的货运记录号码，选择股道、车号，录入现车品名、箱号、托运人(承运)重量和箱货总重，点击【提交】。货运记录装车不生成装载清单，不支持单箱回送，如图 3-4-7 所示。

③点击【货运记录单】，进入同步状态查询页面，未同步的点击即时同步，如图 3-4-8 所示。

(2)货运记录卸车

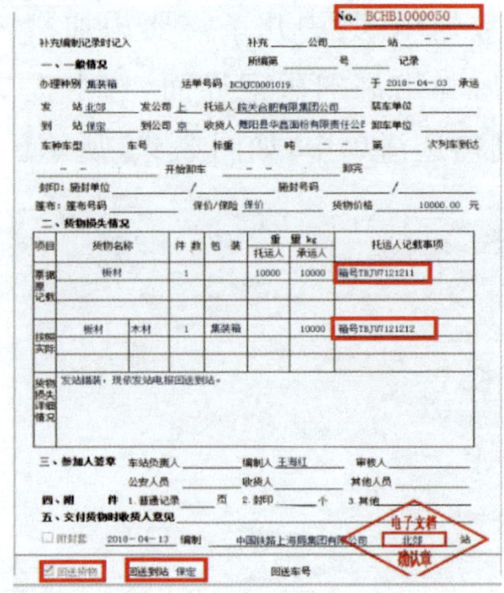

No. BCHB1000050

补充编制记录时记入　　补充＿＿公司＿＿站＿＿

一、一般情况　　所编第＿＿号＿＿记录

办理种别 集装箱　　运单号码 BCHJC0001019　　于 2018－04－03 承运

发　站 北郊　发公司 上　托运人 皖关合肥有限集团公司　装车单位＿＿

到　站 保定　到公司 京　收货人 舞阳县华鑫面粉有限责任公司　卸车单位＿＿

车种车型＿＿车号＿＿标重＿＿吨＿＿第＿＿次列车到达

＿＿开始卸车＿＿卸完

封印：施封单位＿＿/＿＿施封号码＿＿/＿＿

篷布：篷布号码＿＿保价/保险 保价　货物价格 10000.00 元

二、货物损失情况

项目	货物名称		件数	包装	重量kg 托运人	重量kg 承运人	托运人记载事项
票据原记载	板材		1		10000	10000	箱号TBJU7121211
按照实际	板材	木材	1	集装箱		10000	箱号TBJU7121212
货物损失详细情况	发站错装，现依发站电报回送到站。						

三、参加人签章　车站负责人＿＿编制人 王海红　审核人＿＿

公安人员＿＿收货人＿＿其他人员＿＿

四、附　　件　1. 普通记录＿＿页　2. 封印＿＿个　3. 其他＿＿

五、交付货物时收货人意见＿＿

☐ 附封套　2018－04－13　编制　中国铁路上海局集团有限公司　北郊　站

电子文档确认章

☑ 回送货物　回送到站 保定　回送车号

图 3-4-6　编制货运记录界面

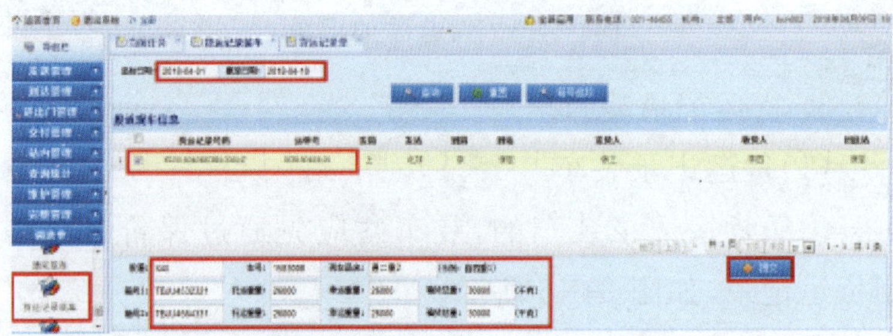

图 3-4-7　货运记录装车界面

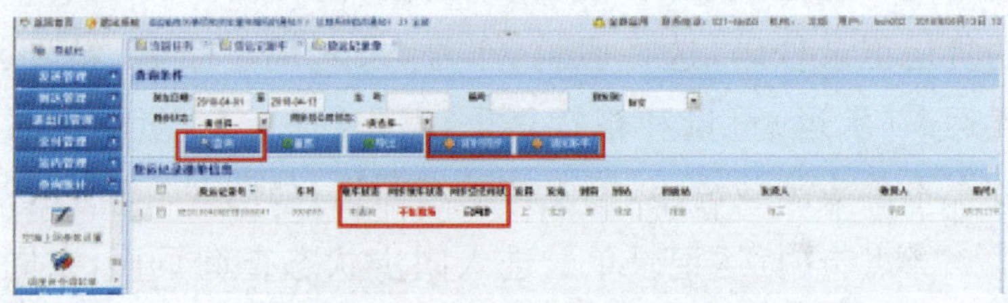

图 3-4-8　货运记录单界面

点击【货运记录卸车】，输入装车日期点击查询，核对车号箱号无误后，点击【提交】，在货运记录单菜单查看同步状态，箱态置为空箱，如图 3-4-9 所示。

图 3-4-9　货运记录卸车界面

4. 车上装卸

(1)制票前综合作业

应与“车上装箱”配套使用。

①点击“制票前综合作业”，进入制票前综合作业页面。通过到站、托运人、收货人、品名、提报日期进行查询，如图 3-4-10 所示。

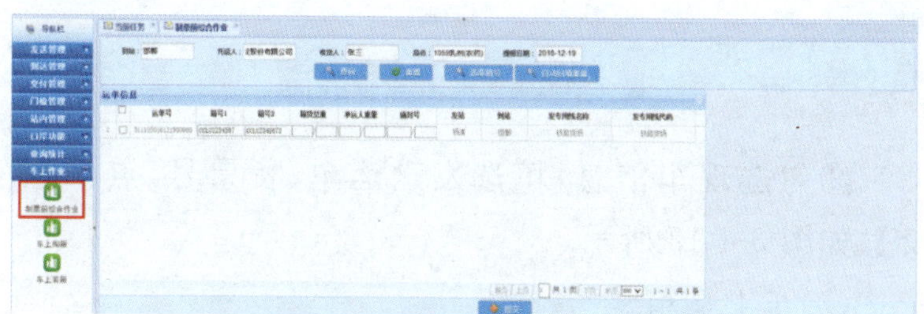

图 3-4-10　制票前综合作业界面

②填选箱号、箱货总重、施封号，如图 3-4-11 所示。

图 3-4-11　填选运单信息

(2)车上装箱

适用于敞顶箱、干散货箱、罐箱等从上部装载货物的集装箱。此时集装箱不卸车，直接装载货物。应先进行“制票前综合作业”，再进行“车上装箱”。

①点击【车上装箱】，进入车上装箱页面。通过入线日期、股道等信息进行查询现车信息，如图 3-4-12 所示。

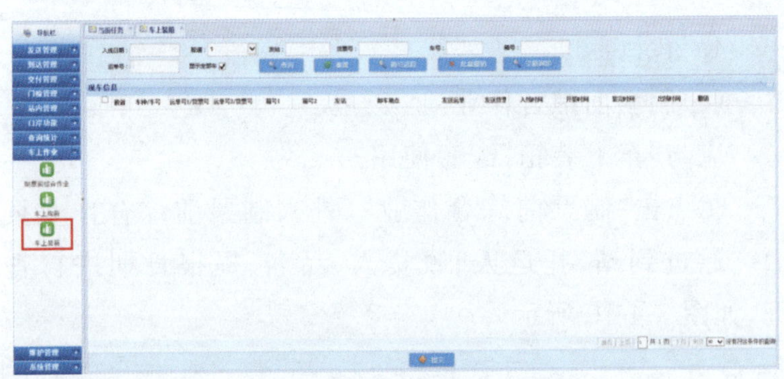

图 3-4-12　车上装箱界面

②勾选现车信息，填选发送运单、货票号，点击【提交】，如图 3-4-13 所示。

(3)车上掏箱

适用于罐箱等直接抽卸货物的集装箱。此时集装箱不卸车，直接抽卸货物。

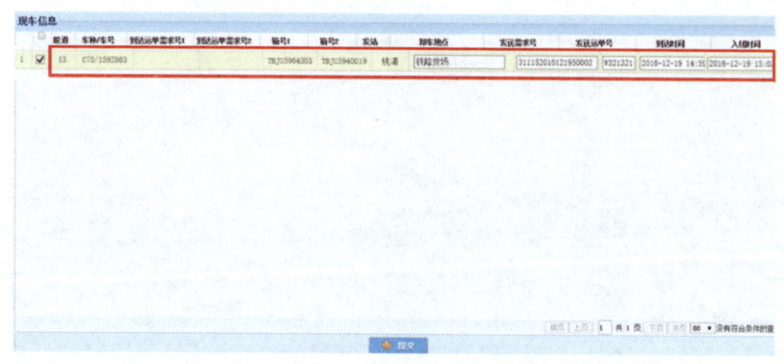

图 3-4-13　填选现车信息

①点击“车上掏箱”，进入车上掏箱页面。通过入线日期、股道等信息进行查询现车信息，如图 3-4-14 所示。

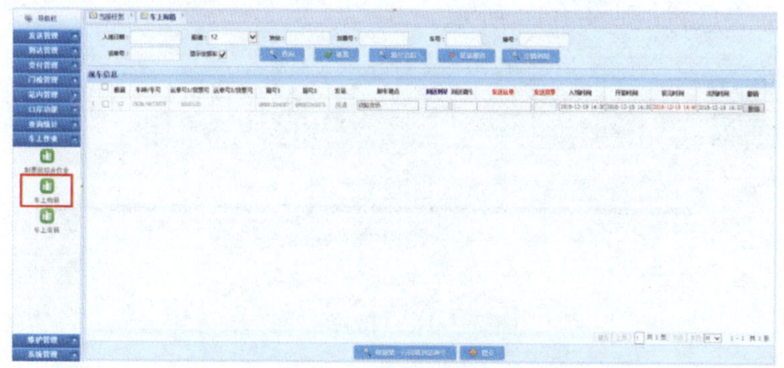

图 3-4-14　车上掏箱界面

②勾选现车信息，如继续发送重箱，则填选发送运单等。如回送空箱，则填选回送到站、回送调令。点击“提交”，如图 3-4-15 所示。

5. 扣修

(1)扣修

对需要修理的集装箱，使用该功能进行扣修操作，扣

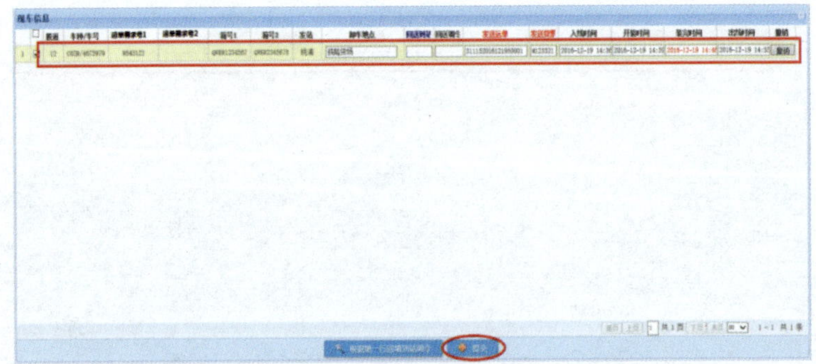

图 3-4-15　勾选现车信息

修后需“扣修交接”。“扣修”、“扣修交接”由车站操作。

①点击【扣修】,进入扣修页面,填选箱型、箱类、箱号等信息,如图 3-4-16 所示。

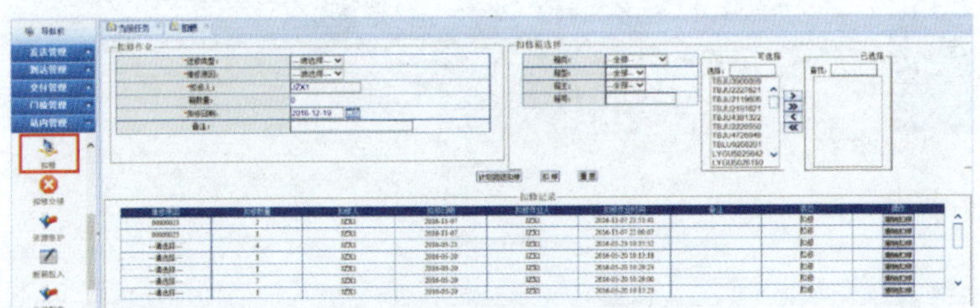

图 3-4-16　扣修界面

②点击【扣修】,扣修成功的信息显示在“已扣修信息”栏中,如图 3-4-17 所示。

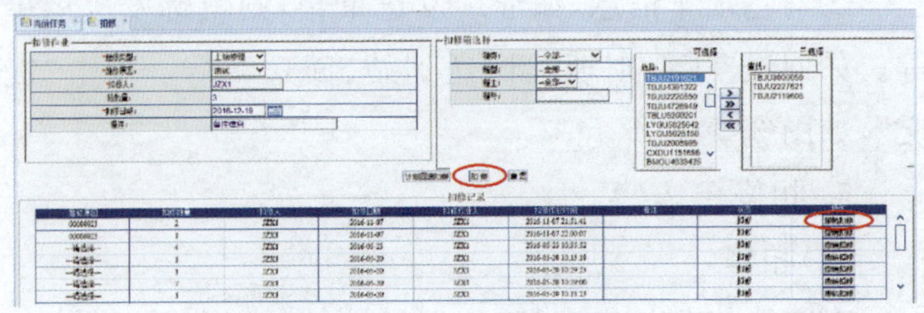

图 3-4-17　已扣修信息栏

(2)扣修交接

对扣修或修竣后的集装箱,通过该功能进行交接。交接后的信息会反馈至“集装箱资产管理应用”。“扣修”、“扣修交接”由车站操作。“扣修”作业不核减集团公司保有量,“扣修交接”后才核减集团公司保有量。

①点击【扣修交接】,进入扣修交接页面。可通过送箱类型、箱号、交接类型等信息进行查询,如图 3-4-18 所示。

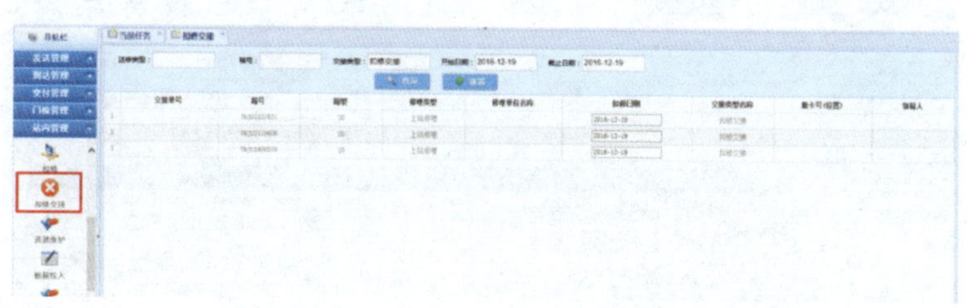

图 3-4-18　扣修交接界面

②交接箱信息,填选交接类型、箱号、验箱师等信息,点击【提交】,系统提示操作成功。如图 3-4-19 所示。

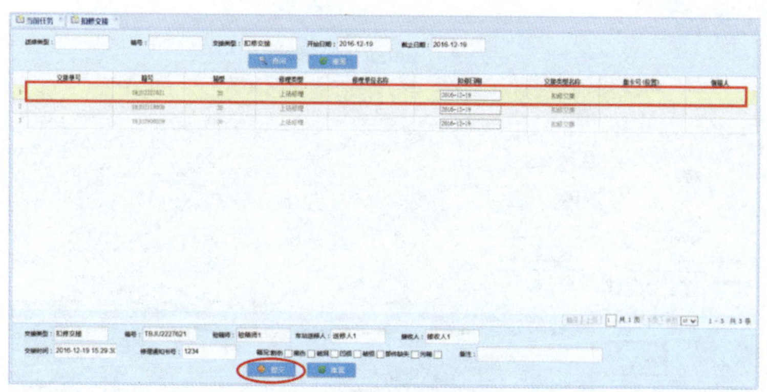

图 3-4-19　交接箱信息

6. 途中换装

(1)换装作业站(现车所在站)登录集装箱管理信息系统全路应用,通过车号、箱号等条件查询车辆信息,系统默认为重箱,铁路回空箱换装的选择空箱。点击【查询】,系统显示可换装车辆信息,确认后点击【途中换装】,系统自动校验现车位置,如图 3-4-20 所示。

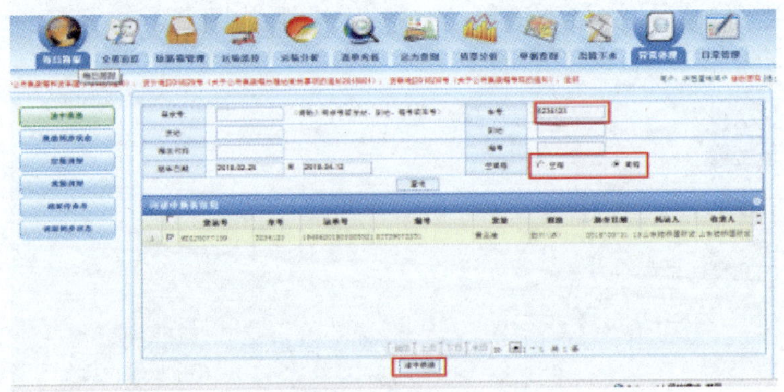

图 3-4-20　途中换装界面

(2)输入新车号和换装原因,点击【提交】,如图 3-4-21 所示。

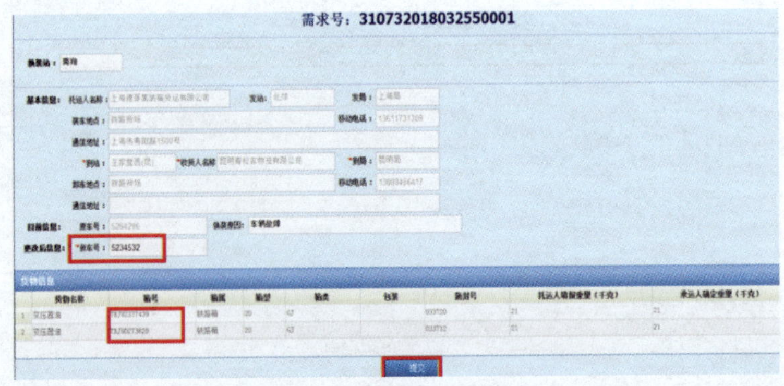

图 3-4-21　信息输入界面

(3)换装后进入换装同步状态页面查看同步状态,未同步的点击及时同步,如图 3-4-22 所示。

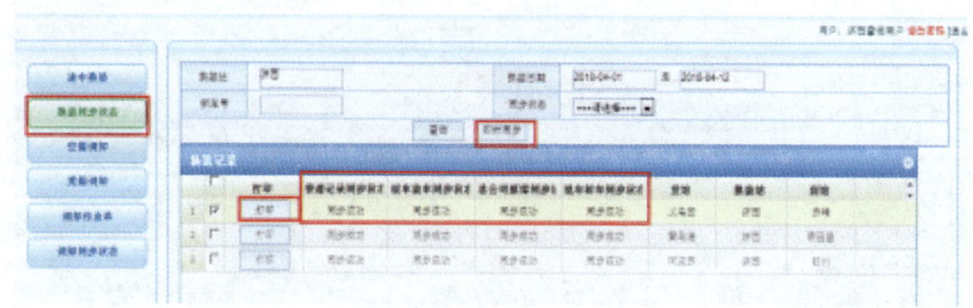

图 3-4-22　同步状态

7. 落地换装

(1)落地换装主要针对海关箱或其他原因造成当时不能装车。登录集装箱管理信息系统全路应用,换装站进入落地换装菜单,录入车号,选择空箱或重箱,点击【查询】,确认车号箱号和箱号无误后,点击【落地卸车】。再次装车时录入新车号,点击【落地后装车】,如图 3-4-23 所示。

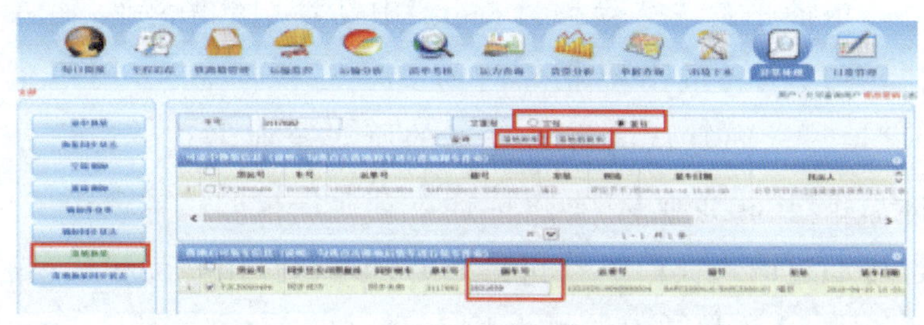

图 3-4-23　落地换装界面

(2)查看落地换装同步状态,未同步的选择后点击【即时同步】,可打印普通记录,如图 3-4-24 所示。

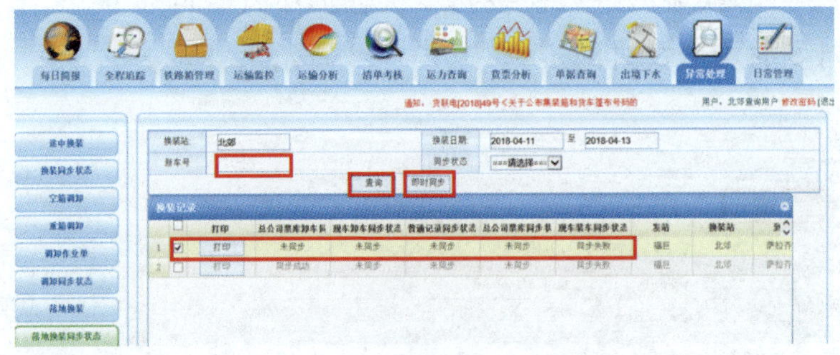

图 3-4-24　落地换装同步状态

8. 出境操作说明

根据《国铁集团货运部关于明确铁路箱出境下水有关事项的通知》中相关要求，出境业务适用的集装箱为“集装箱公司所属的铁路通用箱和国铁通用 20 英尺 35 t 铁路敞顶箱”。提报自备箱运输需求时，不用选择出境、下水提箱单。

(1)空箱预订提报

电商平台“空箱预订提报”中新增“用箱企业”输入栏，客户在提报出境业务时需要填写该信息。“用箱企业”填写栏内默认为客户登录的所属企业名称。客户鼠标点击【用箱企业】栏下拉选择本企业提报的出境提箱单；也可通过输入提箱单号和验证码方式选择出境提箱单，输入方式为：出境提箱单号＋验证码（如：Az191100144460），如图 3-4-25 所示。

提箱站、发站、国境站、箱型、箱类项为客户所选择的出境提箱单信息且不允许修改。

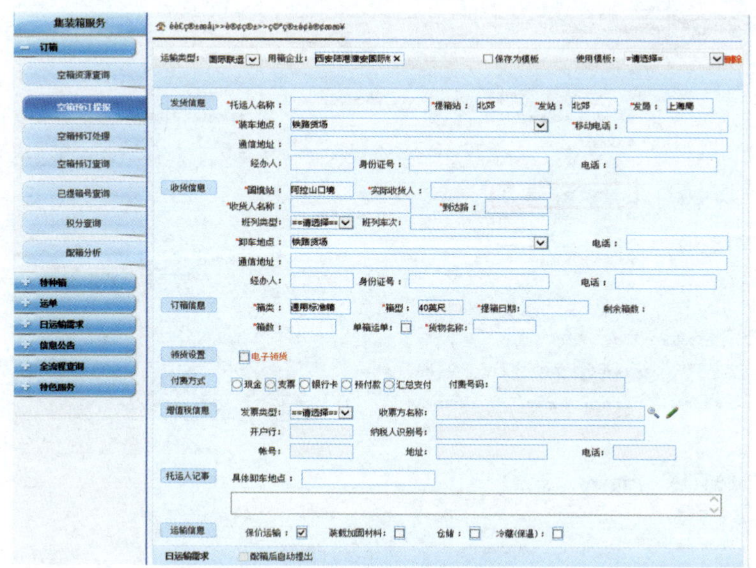

图 3-4-25　空箱预订提报

(2)填写运单

电商平台的“填写运单”中新增“用箱企业”输入栏，客户在提报出境业务时需要填写该信息。

(3)补填箱号

电商平台的“补填箱号”中新增出境业务的到站修改卡控，如果补填箱号的运单是出境业务，到站项为集装箱公司受理的出境提箱单信息且不允许修改，如图 3-4-26 所示。

9. 下水操作说明

根据《国铁集团货运部关于明确铁路箱出境下水有关事项的通知》中相关要求，下水业务适用的集装箱为“集装箱公司所属的铁路通用箱和国铁通用 20 英尺 35 t

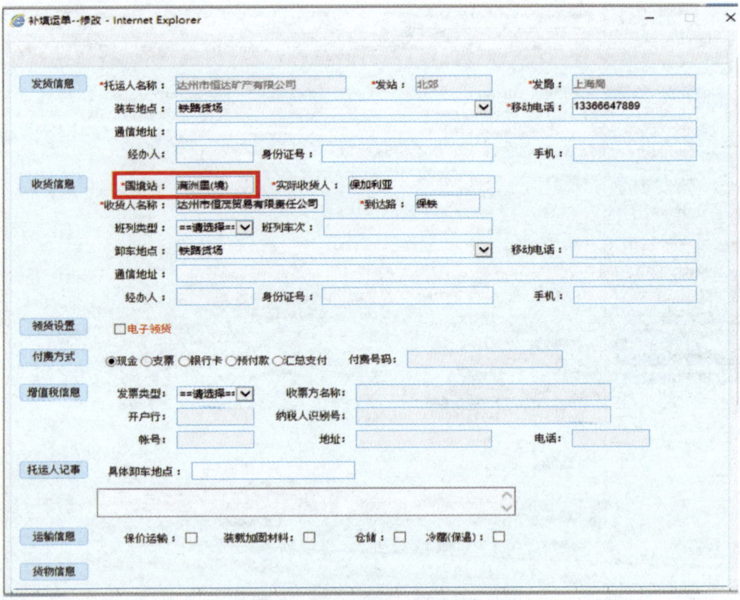

图 3-4-26　填补运单界面

铁路敞顶箱”。

(1)电商平台“空箱预订提报”中新增“下水”勾选框和“用箱企业”输入栏,发站客户在提报下水业务时需要填写该信息。“用箱企业”填写栏内默认为客户登录的所属企业名称。客户鼠标点击“用箱企业”栏下拉选择本企业提报的下水提箱单;也可通过输入提箱单号和验证码方式选择下水提箱单,输入方式为:下水提箱单号+验证码(如:Az191100144460)。

(2)提箱站、发站、下水站、箱型、箱类项为客户所选择的下水提箱单信息且不允许修改,如图 3-4-27 所示。

(3)填写运单

电商平台的“填写运单”中新增“下水”勾选框和“用

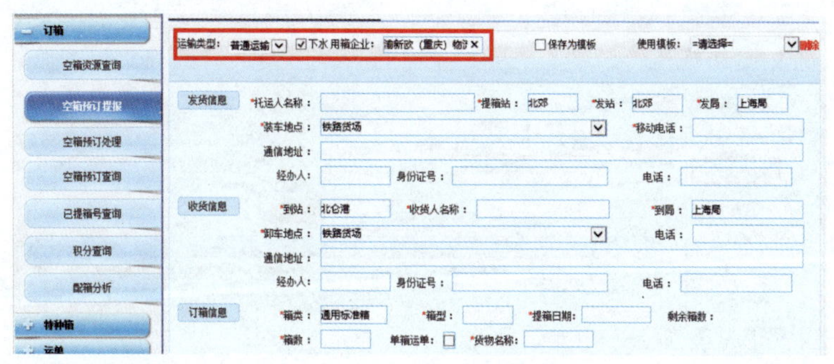

图 3-4-27　空箱订单提报

箱企业”输入栏，发站客户在提报下水业务时需要勾选和填写该信息。

(4)补填箱号

电商平台的“补填箱号”中新增出境业务的到站修改卡控，如果补填箱号的运单是下水业务，到站项为集装箱公司受理的下水提箱单信息且不允许修改。

第五节　集装箱系统异常操作问题处理

1. 空箱预订提报错误

空箱预订提报错误，处理方法如图 3-5-1 所示。

(1)进入电子商务系统，选择集装箱服务中“订箱”的【空箱预订处理】；

(2)选择“提箱日期”；

(3)点击【查询】；

(4)找到需要作废的预订信息，点击【退订】。

2. 安排空箱错误

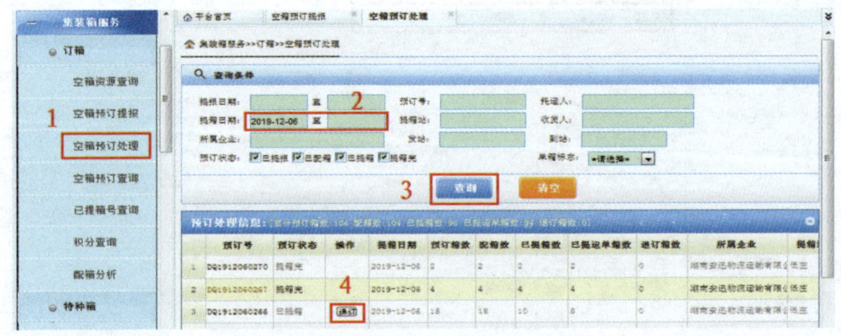

图 3-5-1　空箱预订处理

安排空箱信息录入错误，以提箱录入时安排空箱箱号错误为例。处理方法如下：

(1)进入“铁路集装箱运输管理信息系统车站应用”，选择【发送管理】模块中的【安排空箱】；

(2)选择“预订号”或“提箱日期”；

(3)点击【查询】；

(4)找到需要修改的预订信息，点击【提箱录入】；

(5)进行退换箱操作。

注：在检斤验货前，方可进行换箱。

3. 退箱

如安排空箱错误，若选择退箱，如图 3-5-2 所示，如仍需装车则按如下步骤：

(1)进入“铁路集装箱运输管理信息系统车站应用”，选择【发送管理】模块中的【安排空箱】；

(2)选择“预订号”或“提箱日期”；

(3)点击【查询】；

(4)找到需要填报的预订信息，点击【提箱录入】，进

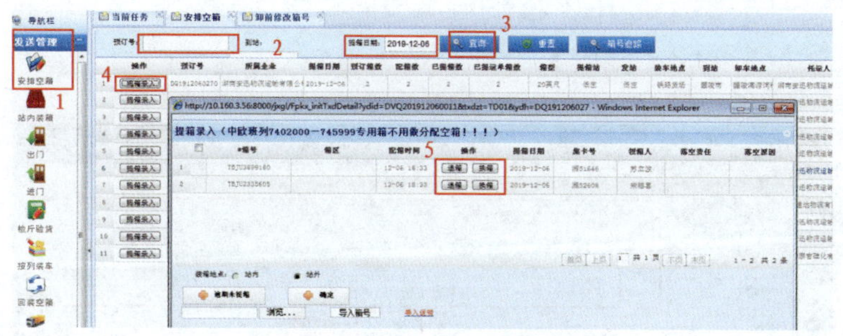

图 3-5-2　退箱界面

行退箱操作。

(5)进入电子商务系统，选择空箱预订处理，选择相应的记录，进行退订，否则该箱容易产生后续的不能对该箱号进行“安排空箱”。

(6)如果集装箱系统昨日需求未提箱，但电子商务系统已作废运单，未做退箱处理。今日不能在电子商务系统操作退箱，只能在集装箱系统【安排空箱】找到昨日未提箱需求，点击【提箱录入】—【逾期未提箱】，勾选落空原因提交，才能完成退箱操作，释放空箱资源。

4. 补填箱号错误

信息提报成功后发现错误，只能作废运单，然后进行退箱操作，再重新进行空箱预订提报(不提出日需求)、安排空箱等流程操作。如图 3-5-3 所示，运单作废方法如下：

(1)进入电子商务系统，选择集装箱服务“运单”中的【运单处理】；

(2)选择相关信息后，进行筛选；

(3)单击【查询】；

(4)选中待作废运单需求号；

(5)单击【作废】。

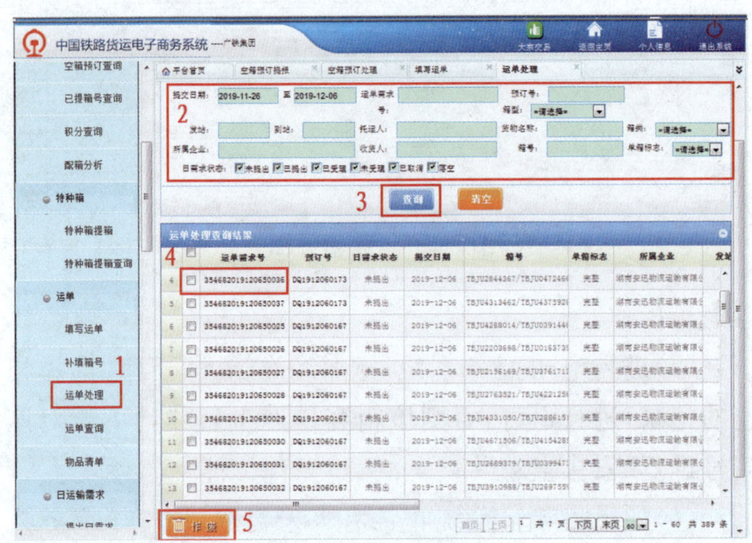

图 3-5-3　补填箱号错误

5. 车站安排空箱后，电子商务系统无法补填箱号

首先确认集装箱系统内“安排空箱”是否录入正确。如确认录入正确还无法补填，则在“安排空箱”处点击【退箱】，并重新提报空箱需求。

6. 安排空箱后，在集装箱管理系统中找不到运单需求

其原因是漏做补填箱号。登录电子商务系统，将铁路箱号补填在运单中，运单信息完整后，才能在系统中找到运单需求，操作进站作业。

7. 自备箱、特种箱运单填写

运单填写错误，作废后重新提报，如图 3-5-4 所示。

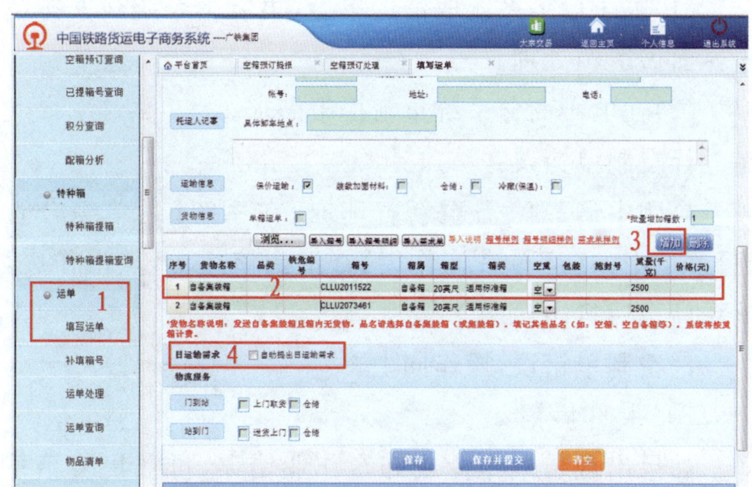

图 3-5-4　自备箱、特种箱运单填写

(1)进入电子商务系统,选择集装箱服务“运单”中的【填写运单】,填写完相关信息。

(2)填写集装箱信息。铁路箱:填写货物实际名称;自备箱:货物名称填记自备集装箱或集装箱,箱号根据实际自备箱箱号进行填写。

(3)增加。若为 20 英尺箱时,单击【增加】,填写另一个集装箱各项信息。

(4)不要提报“日需求”,保存并提交。

8. 检斤验货错误

进入集装箱系统,选择【发送管理】模块中的【检斤验货】,在下方“已检斤验货信息”栏中,选择已检斤验货信息进行修改,将正确信息输入后点击【修改】。

9. 系统操作完检斤验货未制票前,发现到站录入错误

(1)电子商务系统取消运单后,集装箱系统在安排空箱界面做退箱处理。

(2)在电子商务系统重新提报需求。

计费制单错误:

打印中遇故障需重新打印时,在系统【运单综合管理】菜单中的【运单查询作废】查询到该运单,点击作废,重新计费后打印。

计费制单错误,操作同上。

10. 装卸撤销

如果出现装车作业或卸车作业错误,可在集装箱系统进行装卸撤销,再重新报装卸车。如图 3-5-5 所示,操作如下:

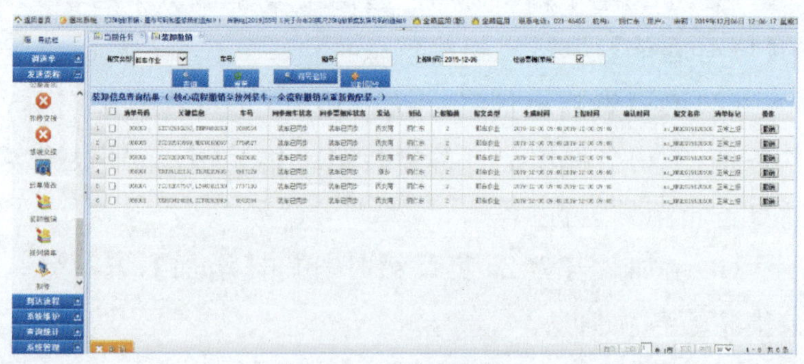

图 3-5-5 装卸撤销

(1)进入集装箱系统,点击【查询统计】模块中的【装卸撤销】选择装车作业、卸车作业,选择上报时间点击【查询】。

(2)勾选需要撤销的清单号码,点击【撤销】。

装车后车在本站，未通知取车的可进行装车撤销；通知取车后系统视为在途，状态为可取车的无法撤销装车、取消托运等操作。

通知取车后发现超偏载等信息，应当扣车，整理后原车发出的不需要系统操作，线下应加强联系，避免联系脱节；通知取车后发现车辆原因需要换车的可按途中换装操作。卸车后不能再撤销。

11. 铁路空箱调卸

在铁路货运票据综合应用管理系统，选择到达调卸，输入相关信息（车号）查询，输入调度命令、新到站后保存。

铁路重箱、自备箱不存在调卸，只有变更到站，与整车货物的变更到站一样操作。

12. 回装撤销

在用命令回送铁路空箱的时候，如所装空箱箱号与车号不符或装车错误，可在回装空箱里进行撤销，操作如下，进入集装箱系统，点击选择【发送管理】模块中的【回装空箱】，界面下有已回送空箱信息，在回送错误的一栏后点击撤销按钮即可撤销。

13. 变更到站

受理变更业务时，在货票系统的【杂费核收】菜单中，点击【运费杂费核收】按钮。票据类型选择“中间”，在到站变更时，在货票系统中票据类型选择“到达”，输入运单号查询运单信息，进行信息确认。选择【运输变更】，录入变更信息后点击【单张货票信息确认】。

14. 卸前修改箱号

卸箱前，检查货车车号箱号，如发现现场箱号与票据记载箱号不一致，可到集装箱系统修改箱号信息，如图 3-5-6 所示。

(1)进入集装箱系统，选择【发送管理】模块中的【卸前修改箱号】；

(2)输入相关筛选信息后，点击【查询】；

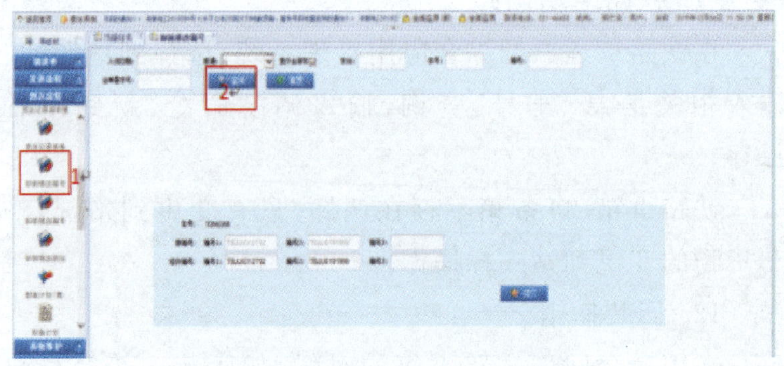

图 3-5-6　卸前修改箱号

(3)在查询结果中勾选需要修改的箱号所在车辆，点击【取票据库信息】，信息出来后，点击【修改箱号】，录入正确信息，提交。

15. 取消托运

装车后取消托运的，应先进行装车撤销，在货票系统作废运单，再作废需求单，箱状态变为空箱状态。

16. 集装箱到达卸车时，系统中找不到车号，无法卸车

(1)确认运转的入线日期，勾选全部车，选择正确的

查询条件；

(2)确认运转股道现车情况，确认运转的车种和车种简码都不能是“?”号；如果现车系统出现 DL1 车种，要联系现车系统把车种修改为 BDL1；

(3)确认运转有没有调换股道，调换过股道要 70 min 才会更新；

(4)找运转主管确认。

17. 系统操作完检斤验货未制票前，发现到站录入错误

(1)电子商务系统取消运单后，集装箱系统在安排空箱界面做退箱处理。

(2)在电子商务系统重新提报需求。

18. 集装箱制票后在按列装车前，发现箱号或到站等错误

在货票系统作废货票，电子商务系统作废运单，集装箱系统做退箱处理。

19. 集装箱系统提示“请按流程操作未完成的步骤”时

在按列装车或到达卸车界面，点击【箱号追踪】，输入箱型箱号，查询即可。按提示进行下一步操作。

20. 做完到达卸车后，在站存箱明细查询中找不到该批箱信息

其原因是已经操作了“出门”。可在按列装车或到达卸车界面，点击【箱号追踪】，输入箱型箱号，可查询到该箱每一步操作及箱子重空状态。

第四章 设备设施

第一节 装卸机械

按照《铁路集装箱运输规则》规定，装卸集装箱须使用集装箱专用装卸机械，起重能力满足所装卸集装箱总重量的要求，20 英尺、40 英尺集装箱起重量不小于 35 t，具备 20 英尺 35 t 集装箱办理条件。按照中国铁路广州局集团公司《铁路集装箱运输管理实施细则》规定，集装箱装卸机械须同时具备超偏载检测和减摇功能，同时门式起重机还应配备监控录像装置，禁止使用汽车吊、轮胎吊、履带吊用于集装箱装卸作业。

考虑资金投入大等问题，实际执行为：

1. 对于 2019 年以后新申请开通集装箱业务的办理站或作业线路，严格执行以上要求，配备集装箱专用装卸机械。

2. 对 2019 年前已开通集装箱业务且使用通用门吊装卸作业的办理站，允许继续使用原通用门吊装卸作业，但须配备集装箱专用减摇吊具，且应限期实施装卸机械升级改造或购置新设备计划，逐步禁止使用通用门吊用于集装箱装卸作业；遇原装卸设备报废需新购置装卸机械时，须配备正面吊、集装箱专用门吊等集装箱专用装卸机械，不得再配备通用门吊用于集装箱装卸作业。

第二节　专用门吊

通用门吊和集装箱专用门吊的主要区别是集装箱专用门吊安装了减摇装置：采用力矩电机柔性双向减摇，由4套彼此独立的张紧机构组成，每套机构又由力矩电机、联轴器、减速器和卷筒组等组成。通过4组独立机构，可在大小车两个运行方向有效地实现吊具或集装箱的摆动控制，从而确保装卸时在最短时间内准确对位，并提高安全性和作业效率。

通用门吊（图4-2-1）主要用于钢材类等零笨货物的装卸作业。

集装箱专用门吊（图4-2-2）应根据国家规定开展安全检测，检测有效期为2年1次。

图4-2-1　通用门吊

图4-2-2　专用门吊

集装箱专用门吊要求吊具下起重能力不小于 35 t，常用集装箱专用门吊的主要技术参数：

1. 吊具下额定起重能力：36 t。

2. 跨度：30 m。

3. 悬臂长：12 m。

4. 有效悬臂长：7.5 m。

5. 全长：54 m。

6. 总重：320 t。

7. 最大起升高度：12 m。

8. 额定起升速度：15 m/min。

9. 额定大车运行速度：55 m/min。

10. 额定小车运行速度：60 m/min。

11. 额定回转速度：1.413 r/min。

第三节　集装箱正面吊运机

集装箱正面吊运机，俗称“集装箱正面吊”，是一种具有较高灵活性的集装箱堆码和搬运机械。其结构特点是在自行轮胎底盘上装有可伸缩、俯仰的臂架，配备有能伸缩和旋转的标准集装箱专用吊具，能在整车荷载并行进中进行臂架伸缩、俯仰和吊具回转。集装箱正面吊广泛应用于集装箱码头、堆场和中转站。如图 4-3-1 所示。

正面吊满载时只允许低速行驶，因机身自重较大，在吊运 35 t 时，整机总重达 105 t，如行驶速度过快，则对爬坡、制动、整机稳定性以及发动机功率都有较大影响，故

（a）集装箱正面吊

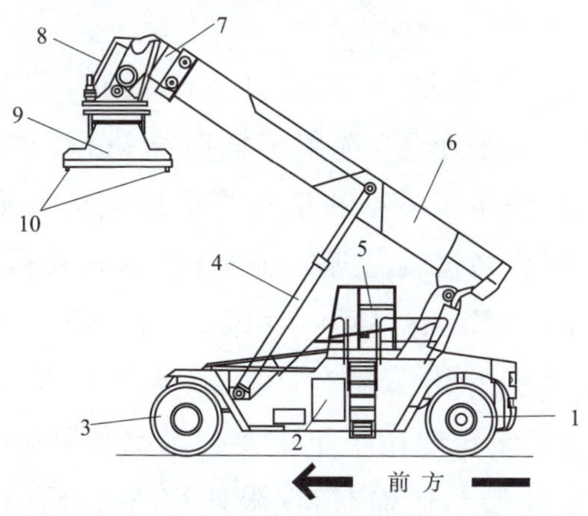

（b）集装箱正面吊示意图

图 4-3-1 集装箱正面吊图例

1—后轮（转向轮）；2—电气箱；3—前轮（驱动轮）；4—举升油缸；
5—司机室；6—固定臂；7—伸缩臂；8—倾斜油缸；9—吊具；10—旋锁

满载时最高速度一般不超过 10 km/h。空载时可高速行驶，一般为 25 km/h 左右。正面吊作业具有方便灵活，作业效率高,作业范围广等优点,但正面吊对作业场地的地面硬化强度要求高,对作业区域的宽度要求 15 m 以上。

(1)起重量。根据额定起重量和吊具的重量来确定。额定起重量一般按所吊运的集装箱最大总重量确定。

(2)起升高度。即堆码高度,一般为 4 层箱高,起升高度一般为 11 m 左右。堆五层箱高时,起升高度应不小于 13 m。

集装箱正面吊应根据国家规定开展安全检测,检测有效期为 1 年 1 次。

第四节　运输车辆

铁路运输集装箱时,可选择的车辆有:敞车、两用平车、集装箱专用平车等,选用车辆时须执行《铁路集装箱运输规则》、《铁路集装箱和集装箱平车装运方案》和集团公司《铁路集装箱运输管理实施细则》等相关规定。常用两用平车有:NX_{17A}、NX_{17AK}、NX_{17AT}、NX_{17BK}、NX_{17BT} 等车型,集装箱专用车辆有:X_{3k}、X_{4k}、X_{2k}、X_{2H} 等车型,两用平车及集装箱专用平车主要技术参数见附录 11。

1. 双层集装箱运输时,仅限使用 X_{2k}、X_{2H} 型专用集装箱平车,运输线路的铁路建筑限界、电气化线路接触网导线最低高度须符合《铁路技术管理规程》规定,双层集装箱运输的装车方案、作业要求须严格执行《铁路双层集装箱运输管理办法》各项规定。

2. X_{3k} 运输集装箱的装运方案:

(1)允许装运 20、40(45)英尺国际标准箱。

(2)箱内货物应排列紧密、均衡码放,做到不超载、不偏载、不偏重。

(3)仅装载1个40(45)英尺箱时,装在车辆中部。

(4)仅装载20英尺箱:

①空箱时,按车上的箱位装载,允许空档。

②1个重箱时,重箱放置车辆中部;车辆两端放空箱或空档。

③2个重箱时,车辆两端各放置1个重箱,两箱重量差不大于10 t;中部可装1个空箱或为空档。

④3个重箱时,3个箱总重不大于61 t,最重的箱放在车辆中部;其余2个箱放在车辆两端,且2个箱重量之差不大于10 t。

(5)20、40英尺箱混装:

①全为空箱时,装载1个40英尺箱和1个20英尺箱。

②全为重箱时,装载1个40英尺箱和1个20英尺箱,但20英尺箱总重不小于6 t、不大于18 t,40英尺箱总重不小于13 t、不大于30 t。

3. X_{4k}运输集装箱的装运方案:

(1)允许装运20、40(45)英尺国际标准箱。

(2)箱内货物应排列紧密、均衡码放,做到不超载、不偏载、不偏重。

(3)仅装载1个40(45)英尺箱时,装在车辆中部。

(4)仅装载20英尺箱:

①空箱时,按车上的箱位装载,允许空档。

②1 个重箱时，重箱放置车辆中部；车辆两端放空箱或空档。

③2 个重箱时，车辆两端各放置 1 个重箱，两箱重量差不大于 10 t；中部可装 1 个空箱或为空档。

④3 个重箱时，若其中有 2 个箱总重相同，总重相同的 2 个箱装在两端，第 3 个箱装在中部，3 个箱总重之和不超过 72 t。若 3 个箱总重均不相同，总重最接近的两箱装在两端，第 3 个箱装在中部。两端 2 个箱的重量差不超过 10 t，且较重箱总重的 2 倍与车辆中部箱的总重之和不超过 72 t。

(5)20、40 英尺箱混装：

①全为空箱时，装在任意箱位上。

②1 重 1 空时：20 英尺箱为空箱时，40 英尺箱总重不得超过 27 t；40 英尺箱为空箱时，20 英尺箱总重不得超过 13 t。

③全为重箱时：

a. 根据 40 英尺箱的总重选择 20 英尺箱，见表 4-4-1。

表 4-4-1 根据 40 英尺箱选择 20 英尺箱

40 英尺箱总重 Q_1(t)	20 英尺箱总重 Q_2(t)
$4 \leqslant Q_1 < 5$	$4 \leqslant Q_2 \leqslant 13$
$5 \leqslant Q_1 < 7$	$4 \leqslant Q_2 \leqslant 14$
$7 \leqslant Q_1 < 9$	$4 \leqslant Q_2 \leqslant 15$
$9 \leqslant Q_1 < 11$	$4 \leqslant Q_2 \leqslant 16$
$11 \leqslant Q_1 < 13$	$4 \leqslant Q_2 \leqslant 17$
$13 \leqslant Q_1 < 15$	$4 \leqslant Q_2 \leqslant 18$

续上表

40 英尺箱总重 Q_1(t)	20 英尺箱总重 Q_2(t)
$15 \leqslant Q_1 < 17$	$4 \leqslant Q_2 \leqslant 19$
$17 \leqslant Q_1 < 19$	$4 \leqslant Q_2 \leqslant 20$
$19 \leqslant Q_1 < 21$	$4 \leqslant Q_2 \leqslant 21$
$21 \leqslant Q_1 < 23$	$4 \leqslant Q_2 \leqslant 22$
$23 \leqslant Q_1 < 25$	$4 \leqslant Q_2 \leqslant 23$
$25 \leqslant Q_1 < 27$	$4 \leqslant Q_2 \leqslant 24$
$27 \leqslant Q_1 < 29$	$4 \leqslant Q_2 \leqslant 25$
$29 \leqslant Q_1 < 30.48$	$4 \leqslant Q_2 \leqslant 26$

b. 根据 20 英尺箱的总重选择 40 英尺箱，见表 4-4-2。

表 4-4-2　根据 20 英尺箱选择 40 英尺箱

20 英尺总重 Q_2(t)	40 英尺箱总重 Q_1(t)
$4 < Q_2 \leqslant 13$	$4 \leqslant Q_1 \leqslant 30.48$
$13 < Q_2 \leqslant 14$	$5 \leqslant Q_1 \leqslant 30.48$
$14 < Q_2 \leqslant 15$	$7 \leqslant Q_1 \leqslant 30.48$
$15 < Q_2 \leqslant 16$	$9 \leqslant Q_1 \leqslant 30.48$
$16 < Q_2 \leqslant 17$	$11 \leqslant Q_1 \leqslant 30.48$
$17 < Q_2 \leqslant 18$	$13 \leqslant Q_1 \leqslant 30.48$
$18 < Q_2 \leqslant 19$	$15 \leqslant Q_1 \leqslant 30.48$
$19 < Q_2 \leqslant 20$	$17 \leqslant Q_1 \leqslant 30.48$
$20 < Q_2 \leqslant 21$	$19 \leqslant Q_1 \leqslant 30.48$
$21 < Q_2 \leqslant 22$	$21 \leqslant Q_1 \leqslant 30.48$
$22 < Q_2 \leqslant 23$	$23 \leqslant Q_1 \leqslant 30.48$
$23 < Q_2 \leqslant 24$	$25 \leqslant Q_1 \leqslant 30.48$
$24 < Q_2 \leqslant 25$	$27 \leqslant Q_1 \leqslant 30.48$
$25 < Q_2 \leqslant 26$	$29 \leqslant Q_1 \leqslant 30.48$

第五节　F-TR 锁装置

一、F-TR 锁的原理及性能

F-TR 锁:如图 4-5-1 所示。当集装箱装载时,集装箱角件先沿着落箱上导向斜面向一侧滑移,而后又沿着落箱下导向斜面向相反方向滑移,使集装箱角件卡在 F-TR 锁的鹰头下面。当集装箱起吊时,集装箱角件沿着出箱导向斜面滑移出来。如图 4-5-2 所示。该锁的锁闭原理是锁芯头部的偏心结构以及 F-TR 集装箱锁组装后其锁头外宽尺寸大于集装箱角件孔的外宽尺寸,并将集装箱进出锁头的运动形式由垂直运动的单一形式转变为"垂直运动＋平面转动"的复合形式来锁固集装箱。为保证 F-TR 锁发挥作用,同一集装箱的四个 F-TR 布置时,鹰头方向为同端同向、两端反向布置,如图 4-5-3 所示。集装箱在装载或起吊时有一个微小的平面转动,如图 4-5-4 所示。

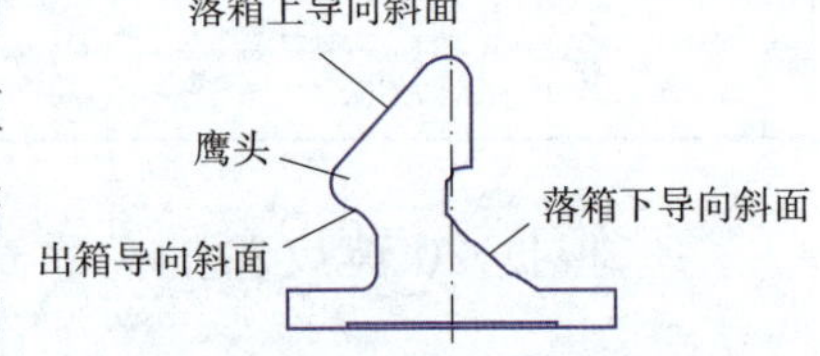

图 4-5-1　F-TR 锁头结构

二、F-TR 锁闭装置

F-TR 锁闭装置的设计要充分发挥 F-TR 锁良好的锁固性和顺畅性。一般来说,车体端头的集装箱锁因无需避让,采用固定式锁闭装置,而中央的集装箱锁因

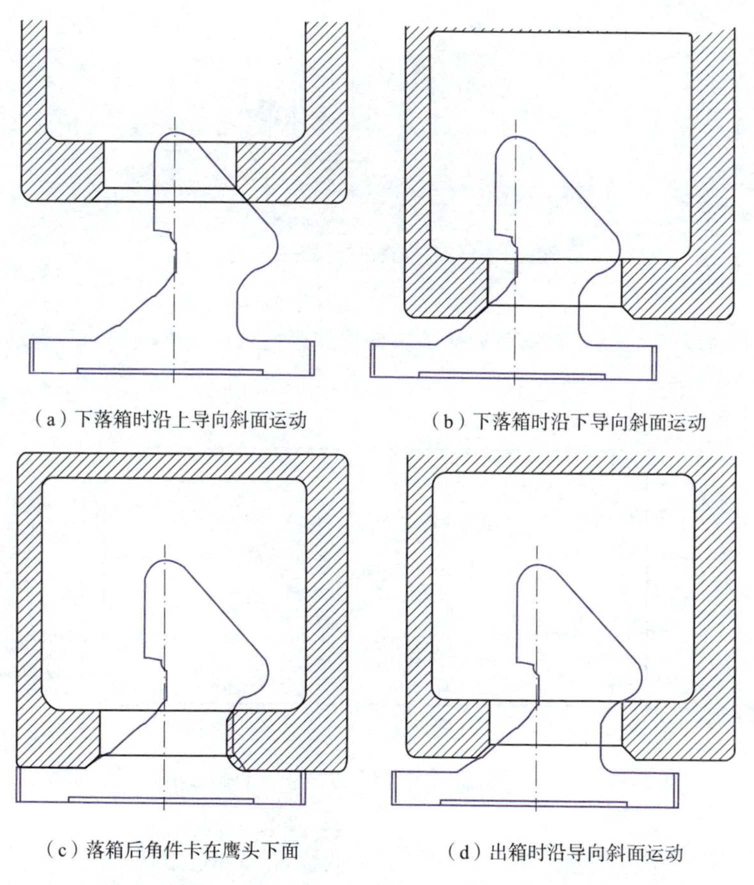

（a）下落箱时沿上导向斜面运动

（b）下落箱时沿下导向斜面运动

（c）落箱后角件卡在鹰头下面

（d）出箱时沿导向斜面运动

图 4-5-2　角件在 F-TR 锁上的运动轨迹

40 英尺箱的运输需要而采用活动式锁闭装置。

1. F-TR 锁固定式锁闭装置

F-TR 锁的固定式锁闭装置设计时采用了框架式锁座将 F-TR 锁固定，F-TR 锁的每个自由度全部约束。但框架式锁座与 F-TR 锁每边留有微小间隙，保证 F-TR 锁与集装箱角件作用时有适当的调整空间，可充分发挥

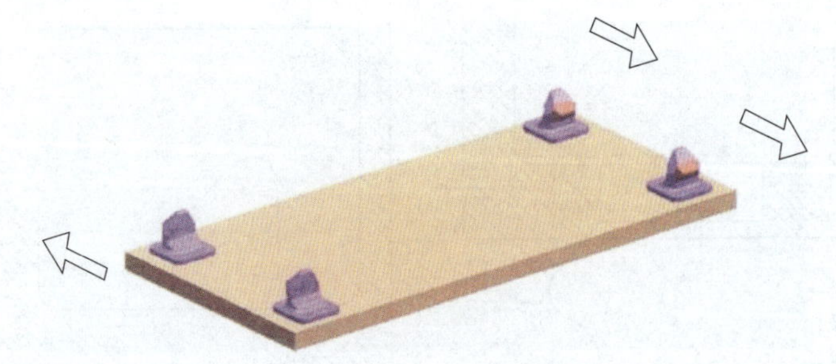

图 4-5-3　F-TR 锁布置时鹰头方向集装箱落入锁头期初时水平运动

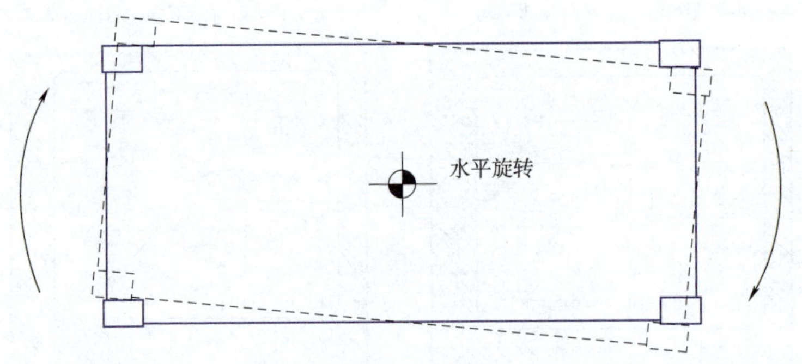

图 4-5-4　集装箱在装载或起吊时有一个微小的平面转动

F-TR锁的功能，如图 4-5-5 所示。框架式锁座有整体式锁座和分体式锁座两种类型。整体式锁座在 X_{70} 车上采用，分体式锁座在 X_{6K} 车上采用。

2. F-TR 锁的活动式锁闭装置

(1)推拉翻转式锁闭装置

推拉翻转式锁闭装置由锁座、F-TR 锁、挡板、锁头转轴、挡板转轴及固定销等组成，如图 4-5-6 所示。需要转换工作位时，只需将挡板打开，将 F-TR 锁先平移后及转动 180°再入位即可，如图 4-5-7 所示。

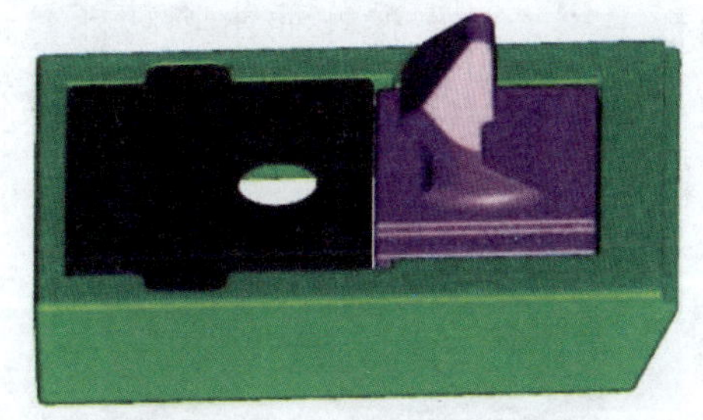

图 4-5-5　F-TR 锁固定式锁闭装置

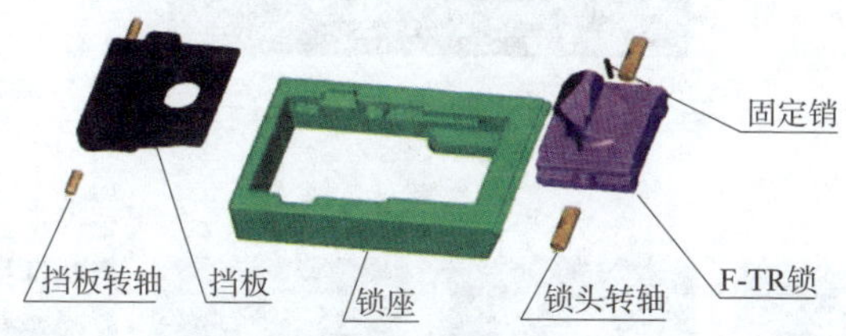

图 4-5-6　推拉翻转式锁闭装置

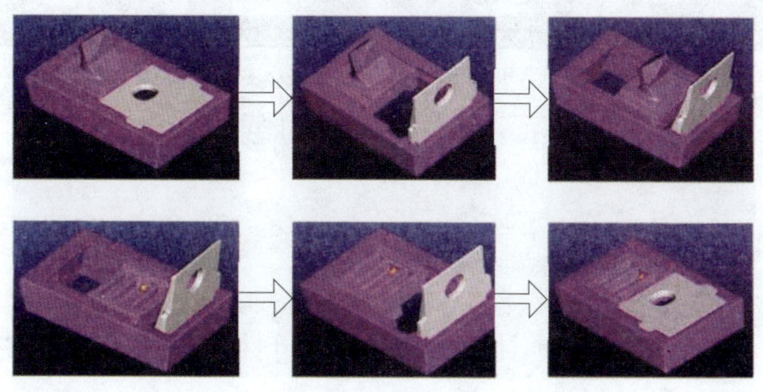

图 4-5-7　推拉翻转式锁闭装置操作

(2)推拉平移式锁闭装置

推拉平移式锁闭装置由锁座、F-TR 锁、挡板、转轴等组成。如图 4-5-8 所示。挡板绕转轴转动，但最大只能开至 45°，使挡板不因人工误操作而影响功能。需要转换工作位时，只需将挡板打开，将 F-TR 锁平移至外侧后落下挡板即可。如图 4-5-9 所示。

图 4-5-8　推拉平移式锁闭装置

（a）工作位

（b）打开挡板

（c）平移锁头至外侧

（d）落下挡板

图 4-5-9　推拉平移式锁闭装置操作

三、F-TR 锁装卸箱操作方法

由于 F-TR 锁具有较强的锁闭性能，在吊卸集装箱时必须严格执行铁路装卸作业标准。

1. 装箱前的准备

（1）检查锁头表面情况。锁头表面无裂纹、无变形等缺陷。

（2）检查车体上各锁的鹰头安装方向。同一箱位的 4

个锁头,须同端同向,两端反向。

2. 装载集装箱

(1)保证集装箱下落平稳,不允许发生剧烈的碰撞。

(2)当集装箱下落到离锁头上平面高度约为 120 mm 时,稍作停顿,等确认集装箱的 4 个底角件分别与锁头对准后,方可继续下落,装箱到位。

操作过程如图 4-5-10 所示。

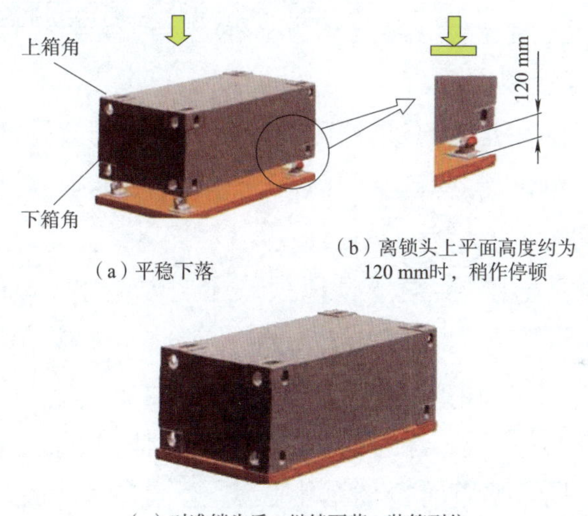

(a) 平稳下落

(b) 离锁头上平面高度约为 120 mm时，稍作停顿

(c) 对准锁头后，继续下落，装箱到位

图 4-5-10　集装箱装载操作过程

3. 卸集装箱

(1)试吊:集装箱刚刚离开车体,集装箱重量由起吊设备承担。如为带钢丝绳的吊具,此时钢丝绳应为刚刚绷紧状态。

(2)慢速垂直小位移提吊:集装箱慢速垂直提吊,向上垂直移动约 100 mm 后停止。如果有角件卡在锁头中,则放下集装箱,稍微调整起重吊机位置后,重新从试吊开始,直至集装箱角件全部脱出锁头。

(3)快速移出集装箱:集装箱脱离锁头后,可快速移动集装箱。

4. 注意事项

(1)集装箱装载状态:控制集装箱内货物装载的横向偏载量和纵向偏载量,严格执行铁路集装箱装载规定。

(2)起吊方式:严格执行铁路装卸作业标准,保证按慢速、垂直、平行起、落起吊方式操作,杜绝歪斜起吊、快速起吊等违规方法。

(3)起吊机具:有条件的站场尽量使用正面吊机或具有防摇功能的集装箱专用门吊进行装、卸作业,对单钩门吊加快改造。

(4)安全监控:对 F-TR 锁或全自动锁装、卸箱作业时,地面指挥人员要加强安全监控,严防车体被吊起。

5. 违规操作的后果

(1)歪斜起吊、快速起吊:可能将车体吊起,造成脱轨制动阀损坏,严重时造成车辆脱线,造成车辆事故。

(2)横向偏载、纵向偏载过大:将造成集装箱起吊后不平行,造成集装箱不能落箱或落箱后不能起箱。

(3)一次起箱位移量过大:将造成来不及安全监控,车体被吊起。

(4)快速落箱、晃动落箱:将冲击锁头,造成锁头损坏。

(5)一次起箱不成后不落下调整吊机位置而强行起箱:将造成车体被吊起。

(6)安全监控不到位:将造成车体被吊起或锁损坏。

第五章　安全案例及防控措施

第一节　空重混装防控

一、空重混装案例

【案例 5-1-1】2016 年 5 月 6 日 A 站货场发 B 站集装箱通二空 2(车号 C1695448),5 月 6 日 20 时 37 分经 C 站超偏载仪检测偏重 18 t(后偏),甩车处理。2018 年 7 月 2 日,A 站再次发生空重混装问题。

主要原因:

一是货运员未落实空箱拍照或过磅等确认制度,导致空重混装。

二是货运员未落实监装卸制度。

三是站内掏箱区域没有对重箱、空箱做区分标识。

四是装卸人员没有核对空重状态。

【案例 5-1-2】2019 年 10 月 9 日,A 站货场 X_{70}5233647 装一组 20 英尺重箱(箱号:2618040、2671554;品名:脱硫石膏;到站:B 站),发生空重混装,偏重 23.1 t 问题。经 A 站超偏载仪检测时,轨道衡操作员及时发现并立即报告货调进行扣车处理,避免了问题车上线,经现场检查发现 2618040 为空箱,2671554 为重箱。经调查,某快运有限公司司机提箱出站后，因其他原因当日未装箱直接挂运进站，并施封占箱，第二天某快运有限公司作业人员臆测按重箱装车，并伪造磅单，直接装车导致空重混装。

主要原因：

一是集装箱进出站管理失职。集装箱未在汽车衡上过磅，但是门卫却在伪造的过磅单上进行盖章签认。

二是货运员未认真落实开箱检查制度，未按规定审核装箱照片。

三是装卸环节联控失效，未使用门吊超偏载检测装置核实集装箱空重状态。

四是车间安全管理不到位。

【案例 5-1-3】2019 年 6 月 8 日，A 站发生超偏载报警(车号 C1411813，该车是 B 站发到 A 站的碎石的问题，偏重 20.6 t。经调查，该车实际装载 20 英尺敞顶箱一组，送至 A 站卸车，该车卸完一只箱时，运转临时安排调车，装卸作业人员在一组重箱仅卸一只箱的情况下盲目同意调车，导致过衡发生偏重。

主要原因：

一是外勤货运员违反 20 英尺集装箱按组装车要求。

二是调车作业前外勤货运员没有到现场检查确认卸车状态，盲目同意调车作业。

三是装卸作业人员违反成组卸车作业规定，在只卸了一个箱的情况下撤除防护，盲目同意调车。

【案例 5-1-4】2016 年 3 月 14 日，A 站装集装箱(40010 次)列车运行至京九线 B 站通过时，TPDS 系统报机次第 8 位车辆 X_{70}5225981 偏重(一级偏重、前偏 19.23 t)，经查，集装箱（TBJU4161457）内有残留货物（瓷土矿），层高35 cm，经装载机电子称过磅，残留货物总重5.35 t。构成铁路交通一般D10类事故。

主要原因：

一是某实业有限公司未确认集装箱（TBJU4161457）是否完全掏空，就盲目关紧箱门并用10号镀锌铁线拧固，致使未完全卸空的集装箱当作空箱送回A站货场。

二是A站货场当班货运员监督检查不到位，接收收货人交回的集装箱时，仅对箱号和箱体外状进行了交接检查，没有开箱检查货物卸空情况，未能及时发现集装箱未完全卸空的问题，是造成事故的重要原因。

三是A站货场违反"空箱进站时，办理站应开箱检查箱体和空箱状态，并拍照或过磅确认"等规定。

四是A站所属车间安全管理不到位，没有对关键环节进行重点卡控，没有及时发现空箱不空的问题隐患。

开箱检查照片如图5-1-1所示。

(a)

(b)

图5-1-1　开箱检查

二、空重混装防控措施

通过梳理和分析案例，空重混装防控措施主要有以下几点：

(1)完善卡控措施。按照“一站一策”原则制定防止空当重装、重当空排的卡控措施，纳入车站货细管理。

(2)做好流程卡控。一是进出门时做好集装箱空重信息的检查确认，并及时准确录入信息系统；二是站内掏装箱时要加强作业进度监管，及时确认作业完成情况并准确录入信息系统；三是交接班时对作业进度情况要做好签认交接。

(3)加强装车前检查。装车前，要认真核对集装箱箱号、施封号等信息和单据记载信息相符，同时再次检查确认磅单、照片等资料与实际相符，不确定时须开箱检查，确保集装箱空重状态与单据记载相符。

(4)强化装卸联控。一是集装箱装卸车要严格执行“装卸作业单”工作制度，核实车号、箱号、重量等内容；二是装卸机械司机要认真区分空重箱，装车时逐箱核对作业单记载空重信息与集装箱实际空重状态一致，坚决杜绝空当重装、重当空排；三是装卸机械具有超偏载检测功能的，同步实施超偏载检测，检测单据留存。

(5)提升设备监控能力。充分运用汽车衡、轨道衡、超偏载检测装置等计量检测设备，由专人盯控设备运行情况，实时核实监测结果，发现疑似错装的，要核实处理后方可继续运输。

(6)空重箱分区堆码。办理站具备条件的,空箱和重箱要分区堆码,方便装车检查确认。

以上防控措施可概括为:

进站出站录系统,照片磅单要真实,核实站箱空重态;装卸互控很重要,箱箱称重有记录,空箱重箱不混装;出站过衡守末关,车车过关保平安。

第二节　F-TR 锁装卸安全防控

一、F-TR 锁装卸安全案例

【案例 5-2-1】2018 年 12 月 3 日,A 站货二线在卸车过程中,某国际货运代理有限公司门吊司机未进行点动试吊,盲目起吊,造成车辆(车号 X_{70}5239581)轮缘被带上轨面。卸空后,货运值班员检查过程中未能发现轮缘上轨面。12 月 4 日 23 时 45 分,货二线取车牵出时,机后第六位车辆(车号 X_{70}5239581)的Ⅰ位端第二对车轮脱轨,构成铁路交通一般 D2 类事故。

主要原因:

一是装卸标准落实不到位。门吊司机严重违反《铁路货物装卸安全技术规则》第 136 条"卸车:应先以低速挡点动起升 100 mm 左右,确认集装箱角件孔与车辆锁头分离后,方可继续起升"的规定,盲目起吊,导致车辆轮缘被带上轨面。

二是装卸管理严重缺位。车间对委外新职作业人员监管不到位，本次事故的司机是装卸承包企业前不久新到的员工，既未持有相应的特种设备作业操作证，也未进行上岗前安全、业务知识和实作技能的培训考试，对铁路装卸业务特别是 F-TR 锁专用平车卸车必须点动试吊的专业技能不熟悉，装卸承包企业未按规定报备，车间、班组也未卡控到位。

三是管理人员履职不到位。安全风险研判不到位，装卸管理“以包代管”等问题。

【案例 5-2-2】2018 年 1 月 4 日，A 站某铁路股份有限公司专用线Ⅱ场 9 道，卸 F-TR 型锁集装箱车（车号 NX_{70A}5487474）时，因未点动试吊，造成该车 2 位台车第 3、4 对轮对脱轨，构成铁路交通一般 D 类事故。

主要原因：

一是装卸标准落实不到位。门吊司机严重违反《铁路货物装卸安全技术规则》第 136 条“卸车：应先以低速挡点动起升 100mm 左右，确认集装箱角件孔与车辆锁头分离后，方可继续起升”的规定，盲目起吊，导致车辆轮缘被带上轨面。

二是辅助作业人员不足 2 人，违反《铁路货物装卸安全技术规则》第 136 条“辅助作业人员不得少于 2 人”的规定。

【案例 5-2-3】2019 年 4 月 2 日，A 站至 B 站境（X9021 次、车号 5485249）因平车蘑菇头未翻起，奎屯站甩车处理。

主要原因：

一是装车前装卸辅助人员违反《铁路货物装卸安全技术规则》关于“检查集装箱平车锁头等是否完好”的规

定，未检查核实 F-TR 锁处于工作位；

二是装车时装卸辅助人员违反《铁路货物装卸安全技术规则》关于作业后的三检制度，没有认真对装车后集装箱角件落锁情况进行检查；

三是外勤货运员装车后检查流于形式，违反《铁路货物运输管理规则》监装卸作业规定，未检查发现 F-TR 锁未翻起入位和锁头入锁情况；

四是车间安全风险管理失效，对货运员管理和培训不到位，对关键环节的监管卡控不到位，没有及时检查照片，没有及时发现平车锁头未处于工作位、集装箱角件未落锁的情况。

【案例 5-2-4】2016 年 11 月 17 日，A 站门吊使用 20 英尺集装箱吊架(半自动机械式)装卸集装箱。司索工指挥起吊 20 英尺重箱出仓装汽车，司机将吊架对准集装箱角件后，没有确认助力弹簧下的棘爪是否到位、没有确认吊架的指针旋转情况，在司索工发出起吊信号后盲目起吊，将集装箱吊起 300 mm 高，且司索工没有对集装箱位移情况进行指挥，司机操纵门吊大车、小车联动运行，造成箱体摆动，致使吊架北头两个旋转锁头与集装箱角件脱离，紧接着吊架南头两个旋转锁头相继脱出，集装箱前端掉落。

主要原因：

一是司机起吊前，没有确认吊架的指针方向和棘爪是否转动到位，也没有落实“低挡起升，绷绳停顿”的作业标准，违反《铁路装卸作业标准　桥式、龙门式起重机作业(TB 1936.2—1987)》。

二是司机在无人指挥情况下同时运行大小车操纵重箱运行,导致集装箱碰撞,违反了《铁路货物装卸安全技术规则》关于“十不吊——非信号人员指挥或信号不明不吊”及“起重机负荷超过 70%额定能力时,禁止同时进行两种及以上操作”等规定。

三是司索工在作业过程中,向司机发出起吊信号后,没有指挥走行路线,违反《铁路装卸作业标准 桥式、龙门式起重机作业(TB 1936.2—1987)》“信号不到位、未引导吊机将货件向指定位置方向安全移动”的规定。

【案例 5-2-5】2010 年 11 月 24 日,A 站发 B 站 814××次集装箱班列运行至 C 站时,C 站外勤人员发现车上有一集装箱装载状态异常。列车到达 D 站停车检查,确认机后 40 位 X6Bk5252099 所装 20 英尺集装箱运行方向后端两锁孔均未落位(图 5-2-1),严重危及行车安全,摘车处理,耽误 814××次列车运行 2 h15 min,构成铁路交通一般 D 类事故。

(a)

(b)

图 5-2-1　集装箱角件未落锁

【案例 5-2-6】2019 年月 27 日,某站货场使用通用门吊卸集装箱(C_{70}1566750)时,集装箱吊起后横移过程中,制定器失效,集装箱落下造成该车及相邻两辆敞车脱轨。

二、F-TR 锁装卸安全防控措施

1. 强化装卸作业培训。一是建立装卸司机、信号指挥员准入制度,明确培训学时、考试内容、合格标准、应急处置等具体要求,并派发培训合格上岗证;二是定期开展装卸实作训练,不断提升装卸司机、信号指挥员的操作技能。三是办理站首次集装箱平车(F-TR 锁)装卸作业或新上岗司机首次作业时货场负责人必须到场指导盯控。

2. 严格落实集装箱平车(F-TR 锁)装卸作业标准。熟练掌握装车、卸车作业操作规范和技术要领;装卸司机、信号指挥员要严格执行作业标准,其中作业时信号指挥员不得少于 2 人。

3. 加强装卸作业联控。装卸作业时,装卸司机、信号指挥员要加强作业联控,装车时需悬停确认角件孔与车辆锁头对正后继续落锁,卸车时需低速挡起升悬停确认角件孔与车辆锁头完全分离后继续起升。办理站须按照"一站一策"的原则,制订装卸作业过程盯控确认等安全卡控措施并抓好落实。

4. 探索装卸安全智能监测。逐步推广使用集装箱平车(F-TR 锁)装卸安全检测监控系统,积极探索装卸作业时空重箱智能检测监控等,实现设备保安全。

以上防控措施可概括为:司机培训最重要,悬停起吊要记牢;装车落锁逐个查,装后检查很重要。

第三节 超偏载防控

一、超偏载防控安全案例

【案例 5-3-1】2016 年 4 月 2 日 14 时 31 分，A 站使用敞车装载集装箱(45706 次)经过 B 站超偏载检测装置时，机后第 35 位 C_{70}1570617 一车，右偏 102 mm，使用智能轮重测定仪检测偏载 98.5 mm，送 C 站整装。

主要原因：

一是集装箱装卸作业标准执行不到位。装卸人员对敞车装载集装箱要求不清楚，未落实集装箱装车作业标准，使用敞车装载集装箱时未居中装载，将集装箱装入敞车偏右侧，且使用质量不良的稻草掩挡，特别是作业人员在稻草掩挡不能正常放入的情况下，硬塞在集装箱与车侧板之间。

二是装车后检查不到位。港口企业运输员责任心不强，对该车集装箱装载情况检查不到位，未能发现集装箱未居中装载。

三是对超偏载车辆卡控不严。物流车间货调监控超偏载仪时，在发现检测数据右偏 74 mm 的情况下，未通知外勤货运员对该车重点检查核实。

【案例 5-3-2】2018 年 8 月 28 日，A 站货场发 B 站集装箱通二重 2，车号 C4876500(箱号：2768930、2530896，品名：地砖)，经途中检测站发现偏载 85 mm。

主要原因：

一是未按装箱方法装箱。地砖规格：800 mm×800 mm，上层的地砖没有采取卧装、“品”字形堆码稳固，而是全部地砖立起来、竖着装，砖与砖之间有缝隙，导致运行途中地砖往集装箱的一侧倾斜，造成集装箱一侧偏重。且箱号 2530896 的上层中间卧放有一排地砖，位置不居中，也无防移动措施。

二是车间安全管理不到位，外勤货运员未按规定审核集装箱装箱照片，未及时发现偏载问题。

三是装卸作业人员未按规定使用门吊超偏载检测装置。

【案例 5-3-3】2016 年 6 月 27 日，A 站发 B 站 20 英尺集装箱一组，车号 C4633172，经 C 站超偏载检测偏重 11.1 t，到站轮重测定仪检测偏重 12.46 t。

主要原因：

一是托运人某物流有限公司提供集装箱磅单弄虚作假，该批 24 个集装箱重量均为 27.5 t，磅单序号、入场时间、出场日期、车号、总重、空重、净重均相同，只有备注栏使用手填箱号，两箱相差 9.44 t。

二是货运值班员对磅单审核把关不严，没有认真核实轨道衡过衡数据、海关申报提货单集装箱重量，未与磅单重量进行比对，未发现磅单造假。

三是物流车间对集装箱超偏载安全卡控不到位，尤其是按海关申报提货单集装箱重量、配箱装车的安全卡控措施失效。

【**案例 5-3-4**】2016 年 12 月 10 日,A 站接轨的某有限责任公司专用铁路共用单位某物流有限公司装到 B 站 20 英尺集装箱两箱,车号 C_{70}1592896,12 月 11 日 14 时 37 分经 C 站超偏载仪检测偏重 5.6 t,12 月 12 日 15 时 15 分经 D 站超偏载仪检测偏重 11.4 t。

主要原因:

箱内货物为干湿散盐,装箱方法为在箱内衬垫箱衣,立装,箱门口设置护栏,装完后将集装箱后部顶起以均衡箱内货物。经到站开箱检查,该箱内货物装载不均衡,发站立装后未能采取有效措施将货物顶置均衡,且两个重箱均集中到敞车的同一端,导致严重偏重。到站开箱检查箱内货物装载状态如图 5-3-1、图 5-3-2 所示。

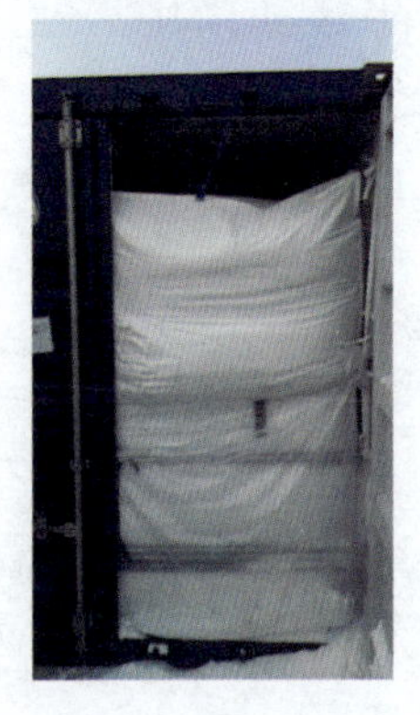

图 5-3-1　箱门处货物

图 5-3-2　货物偏向一端

【案例 5-3-5】2019 年 1 月 7 日，A 站发往 B 站的集装箱(车号：C_{64K}4840851，箱号：7137198，品名：纸板)，运行途中(C 站)发现偏载 88 mm。箱内货物装载状态如图 5-3-3 所示。

主要原因：

一是托运人没有严格按装箱方法进行装箱，箱内货物装载不均衡；

二是 A 站货运员违反发送重箱执行开箱检查制度，没有按规定审核装箱照片；

三是 A 站安全关键点管理失效，没有及时发现存在的问题。

【案例 5-3-6】货检站发现一车装载集装箱严重偏载扣车整理，箱内货物装载情况如图 5-3-4 所示。

原因：箱内货物一侧码放 5 件，一侧码放 2 件，装载不均衡，偏向一侧。

图 5-3-3 箱内货物状态

图 5-3-4 箱内货物装载情况

二、超偏载安全防控措施

1. 落实开箱检查和箱箱过磅制度，确保货物均衡装载、码放稳固。装载件重 500 kg 及以上的货物，或重心不稳、易窜动、滚动、倒塌的货物时，制定装箱方法。对重心不稳、易窜动、滚动、倒塌的货物采取有效的加固措施将其掩挡稳固，防止货物在运输途中或装卸作业时滚动、窜动或倒塌。

2. 车间(车站)定期到站外装箱点检查，指导托运人均衡装载。对中欧班列站外装箱点，加强检查、指导和写实。对于新货源，首次装车时，主管人员必须到现场指导托运人均衡装载。

3. 敞车装重箱时，须居中装载并按规定放置集装箱草挡，C_{70} 型敞车纵向放置草挡或木制框架防止偏重。使用敞车和平车装载 2 个 20 英尺箱时，两箱重量差分别不超过 3 t、5 t，使用 X_{3K} 和 X_{4K} 平车装箱时，按公布的装车方案配装。

4. 认真监装，门吊吊装集装箱过程中，发现箱体倾斜，存在偏载偏重安全隐患时，必须组织检测复查，妥善处置。集装箱装卸机械具备超偏载检测功能的，须同时进行超偏载检测，检测单据留存，防止集装箱偏载、偏重。

5. 落实发站计量衡器和途中超偏载数据比对制度，严格管控站外汽车衡过衡质量，强化途中超偏载检测装置和轨道衡安全监控，加强超偏载信息的反馈与处置。

三、偏载偏重计算

1. 偏载

情景设定:C_{60} 装载两个 20 英尺通用重箱(两箱货总重均为 30.48 t),箱内货物装载均衡,集装箱紧靠车辆一侧车帮装载,具体如图 5-3-5 所示,需计算偏载量。(已知:C_{60} 自重为 22.5 t)

计算过程:(1 350－1 219)×(30.48×2)/(22.5＋30.48×2)＝96(mm),偏载 96 mm。

2. 偏重

情景设定:C_{70} 装载两个 20 英尺重箱,箱内货物装载均衡,两集装箱的箱货总重分别为 30 480 和 27 480 kg。两箱连续紧靠车辆一侧端墙装载,具体如图 5-3-6 所示,需计算偏重量。

计算过程:

RA＝(0.5＋599/9 000)×(30.48＋27.48)＝32.84(t),RB＝30.48＋27.48－32.84＝25.12(t),$RA-RB$＝7.72 t。

第四节 敞顶箱篷布防控

一、敞顶箱篷布安全案例

【案例 5-4-1】2019 年 9 月 27 日,A 站某水泥厂使用敞顶箱盖篷布装水泥熟料至 B 站,装车后装卸值班员拍照完毕,将照片送营业厅交由当班货运员检查。照片显示

货车纵中心线与槽钢间距，1 350 mm
集装箱重心与槽钢间距，1 219 mm
集装箱重心偏移车辆纵中心线，131 mm
集装箱重心
车辆纵中心线
集装箱，宽度2 438 mm
槽钢，间距2 700 mm，集装箱在货车内装载的宽度范围
车帮，间距2 890 mm

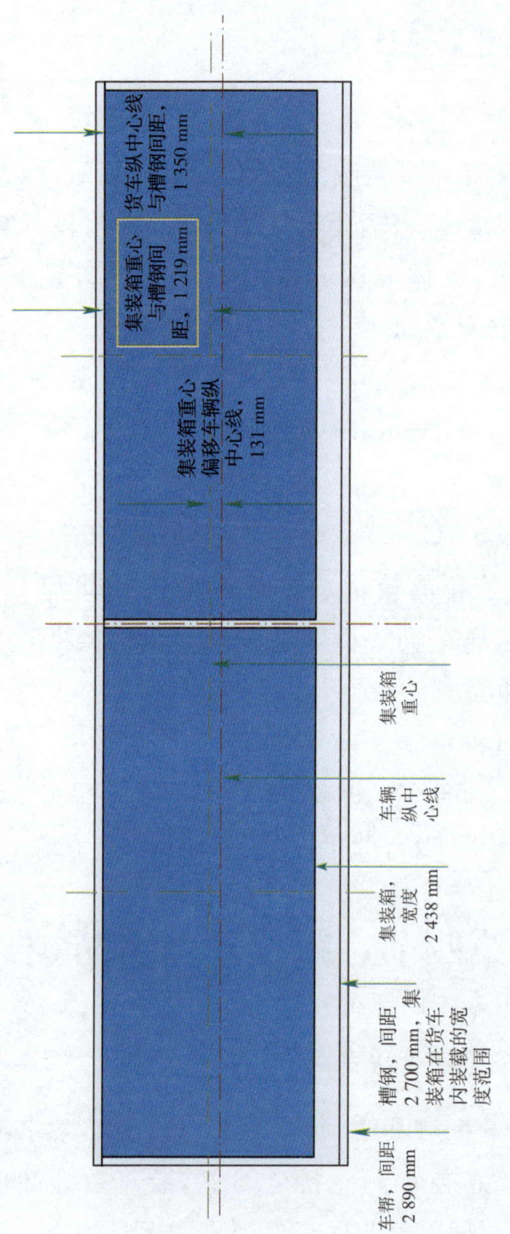

图 5-3-5 装载示意图

B集装箱，
重箱总重
27 480 kg
A集装箱，
重箱总重
30 480 kg
599 mm
13 000 mm
6 500 mm
5 901 mm
6 058 mm

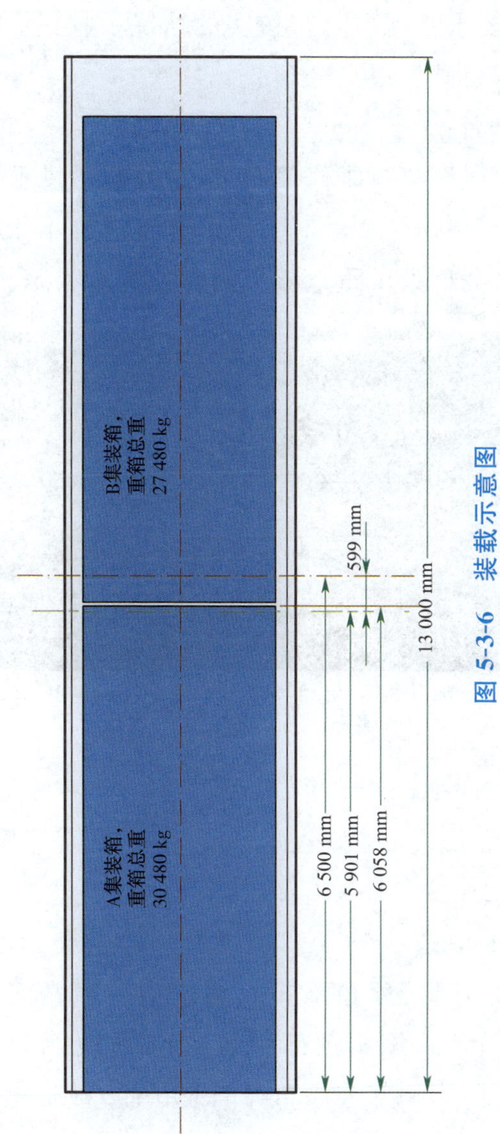

图 5-3-6　装载示意图

篷布顶部有阴影，但无法确认篷布是否破损，如图 5-4-1 所示，在没有要求水泥厂进行核实的情况下挂运，途中货检检查发现篷布破损甩车处理。

主要原因：

一是水泥厂自行维修篷布，篷布维修质量不达标；

二是当班货运员检查时对安全关键点不敏感，没有立即要求水泥厂人员重点核实阴影处篷布状态。

图 5-4-1　篷布破损

【案例 5-4-2】2018 年 7 月 18 日，A 站装运的敞顶箱，因篷布维修质量问题，运输途中篷布顶部修补处开胶，裂口约 2 m。

【案例 5-4-3】2019 年 2 月 26 日，A 站装运的敞顶箱(C_{70}5235035)因敞顶箱篷布长期使用后绳索腐朽，加之长期阴雨，敞顶箱篷布顶部积水，篷布绳受力过大，导致运行中受风力影响部分篷布绳断裂松脱，被货检员发现，甩车处理。

二、敞顶箱篷布安全防控措施

1. 使用篷布前，应逐张检查篷布质量，确认篷布完好，绳索与眼圈齐全。使用修补后的篷布，要确认修补处不脱胶、不飘起。检查确认篷布绳索齐全和拴牢，无断股、松散和毛刺。

2. 敞顶箱苫盖前，应确认支撑杆两个插头插入插槽内，支撑杆不少件和变形。

3. 篷布苫盖完毕后，检查绳索拴结、捆绑位置正确，绳结牢固，无松弛脱落。

4. 当发现篷布与支撑杆质量不良无法保证运行安全时，重箱由托运人更换后受理；返空箱可要求托运人将篷布与支撑杆拆下后，放入篷布质量良好的同组敞顶箱中运输，并由托运人在运单“托运人记事栏”注明。

5. 敞顶箱办理站要配备足够数量的敞顶箱篷布和绳索、支撑杆，当篷布、绳索和支撑杆报废和破损时，应及时进行更换。

6. 对敞顶箱篷布苫盖情况拍照存查。

7. 严禁苫盖破损、报废和质量不良篷布上路运输。

第五节　特种箱装载安全防控

一、特种箱装载安全案例

【案例 5-5-1】2019 年 9 月 8 日，A 站发 B 站 20 英尺

自备罐式集装箱一车(车号 N5266362),C 站货检检查发现运行一侧罐式集装箱外包钢带松脱(箱号:1201624),作甩车处理。

主要原因:

一是 A 站货运员违反特种箱交接检查时,须认真检查特种箱附属设备加固情况的规定,对拍照发现的箱体外包钢带翘起情况没有采取措施处理,安全意识淡薄。

二是 A 站安全管理风险研判不到位,安全关键环节盯控失效,值班盯控巡视人员(互控人)与现场作业人员(主控人)之间的联控未落实,装车后盯控人员巡检时没有对集装箱箱体状况进行有效检查,未能及时发现和处理箱体异状。

【案例 5-5-2】2018 年 5 月 27 日,某站回送的铁路空罐箱一侧固定钢带途中脱落,长度约 2 m,暴露出罐箱产权单位某集装箱物流股份公司管理不善的问题。

【案例 5-5-3】2018 年 4 月 19 日,某站装运的特二空 2,货运人员在装车前未检查集装箱空重状态,也未提供过磅单,造成重箱空排,途中甩车处理。

【案例 5-5-4】2018 年 3 月 21 日,某站装运的特二重 2(品名:白油),途中漏油,甩车处理。经查,该车装运的罐式集装箱卸油阀内部限位销变形导致碟阀关闭不到位,作业人员在装箱前和装箱后也未检查确认卸油阀关闭状态,造成漏油。

【案例 5-5-5】2019 年 9 月 3 日,某站装运的自备罐式集装箱顶盖缺失,托运人违规使用铁板替代,用铁线进行固定，车站在验箱检查时对箱体状态检查不仔细，未发现问题，运输途中加固铁线折断，集装箱顶部铁板翘起，如图 5-5-1 所示。

图 5-5-1　集装箱顶部铁板翘起

二、特种箱装载安全防控措施

1. 罐式箱装车前，办理站应检查人孔盖、溢流盒、卸料口、顶开门、泄压小门锁闭情况，并拍照存查。

2. 干散箱装车前，办理站应检查确认顶开门、泄压小门锁闭情况，并对顶开门、泄压小门锁闭状态进行拍照存查。

3. 冷藏箱装车前，办理站应对冷藏箱制冷装置端和后端箱门锁闭情况进行检查确认，并拍照留存，必要时可使用 10 号镀锌铁线捆绑，确保箱门等锁闭严密，冷藏箱运输禁止溜放。

4. 罐式集装箱空箱进站时，应过磅确认箱内无残货，磅单留站存查。

5. 办理特种箱运输业务的，办理站应与特种箱托运人签订保证箱体质量良好和箱内货物装载质量安全等安全协议，明确托运人安全责任，增强托运人安全责任意识。

第六节　箱体质量安全防控

一、箱体质量安全案例

【案例 5-6-1】 2020 年 1 月 20 日，A 站发到 B 站 40 英尺集装箱（箱号 TBJU7487581），到达 C 站后发现箱顶部凹陷（9 000 mm×1 500 mm×100 mm），由 A 站负责追责赔偿。如图 5-6-1 所示。

主要原因：

一是 A 站货运员未按规定对箱体外状进行交接检查，未发现箱顶部严重变形的问题。

二是 A 站装卸作业司机未执行装卸联控制度，对装载集装箱外部严重变形的情况没有及时反馈货运员处理。

【案例 5-6-2】 2019 年，A 站装运的中欧班列自备集装箱屡次发生被国外铁路发现集装箱底部支撑梁断裂等危及行车安全的问题，被国外铁路扣箱处理。

主要原因：

一是中欧班列客户考虑发往国外的集装箱不回送国

图 5-6-1　集装箱顶部凹陷

内，普遍使用接近报废年限的自备箱装运中欧班列货物。

二是 A 站在集装箱进站交接检查时没有严格执行《通用集装箱在铁路车站检查的技术要求》相关规定，对发现非容许破损的集装箱没有严格要求客户换箱处理。

三是中欧班列托运人安全意识淡薄，没有对箱体质量进行有效卡控。

【案例 5-6-3】2018 年 9 月 5 日，A 站水铁联运的通二重 2，集装箱箱内散装玉米，因该箱侧面修补处修补不牢，运输途中受箱内货物挤压再次破损（破口约 400 mm×300 mm），造成货物撒漏。

【案例 5-6-4】2019 年 4 月 5 日，A 站发 B 站集装箱（箱号 TBJU3730902、TBJU4181601，品名：石板）到达 B 站后，发现一箱门不同程度外胀变形，外侧两锁杆弯曲变形，其中一锁杆锁头从底座中脱出，另一箱后端中下部不同程度外胀变形，如图 5-6-2 所示。经调查，发现该石板材装箱时箱门处没有采取防止货物纵向窜动的措施，导致货物挤压箱门，未按规定在箱门处采取挡板等防止货物挤压箱门的措施，反映出A站装箱方法过于简单，安全风险研判不充分。

图 5-6-2　集装箱外胀变形

二、箱体质量安全卡控措施

1. 严格执行《通用集装箱在铁路车站检查的技术要求》相关规定，对发现的非容许损伤，要求托运人还箱处理，禁止上路运输。

2. 对箱体外状陈旧、怀疑是报废箱的，办理站须要求托运人提供集装箱定期检验报告，重点检查集装箱铭牌与箱号是否一致、集装箱箱号是否涂改、集装箱定检是否有效等情况，发现问题严肃处理。

3. 对中欧班列集装箱，办理站可要求客户签订箱体质量良好承诺书。

4. 强化装卸作业环节箱体质量卡控，装卸集装箱时，装卸司机、信号指挥员对箱体外状存在明显安全隐患的，要立即告知货运员，必须处理妥善后才能装车上路运输。

5. 办理站要加强对开箱检查照片的核查，发现空箱照片中箱体破损、装载货物可能损坏箱体等问题的，要及时妥善处理。

第七节　其他安全风险防控

【案例 5-7-1】装车后未清理杂物

2020 年 1 月 22 日，A 站至 B 站集装箱，因箱顶有杂物在 C 站甩车，经查视频显示：箱顶部有集装箱草挡残留。

主要原因：

一是装卸人员安全意识不强，没有清理集装箱顶部掉落的草挡。

二是门吊司机没有落实互控制度，对集装箱顶部的杂物没有提醒作业人员及时清理。

安全卡控措施：

一是货运员加强装车后车辆、装载集装箱外部杂物的检查。

二是装卸作业人员要加强装车时车辆外部、集装箱顶部杂物的检查和清理，增加互控环节。

【案例 5-7-2】集装箱上面锁头未入位

2020 年 5 月 23 日，A 站装载的集装箱（车号：5227890，箱号：7543704，品名：椰汁饮料）门插销未完全落槽，在 B 站货检检查发现甩车处理。经调查，该箱进站开箱检查时，货运员发现箱门处货物倾倒，整理完毕后拍照，并关闭箱门，但未对箱门门杆上部锁头入锁座情况进行检查。

主要原因：

一是现场货运员责任心不强，无论是进站验箱环节还是装车后对箱体检查环节，货运员均有到场检查记录，但整个作业过程流于形式，未能按作业标准落实对箱体检查和验收。

二是班组盯控形同虚设，从装箱到装车作业均有盯控人员现场检查留影资料，但管理人员现场检查走过场，未能真正起到安全卡控和督促现场落责落标作用。

三是车务段管理不到位，影像资料分析制度未落实，该箱按规定应拍摄 4 张装箱质量照片，实际该箱仅有 2 张照片能反映箱体状态，且照片比较模糊，不能实现较好地确认装箱质量，班组人员在影像分析中均未检查出问题或提出异议。

安全卡控措施：

一是加强集装箱箱门关闭状态的交接检查，特别是箱内货物发生倒塌、挤压箱门等情况的，要重点检查。

二是督促托运人提高箱内货物装载质量，严格落实集装箱管理相关规定，办理站要进一步完善防止箱门处货物挤压箱门、防止箱内货物滚动和窜动等加固措施。

【案例 5-7-3】液袋运输液体泄露

2017 年 8 月 16 日，A 站发 B 站的乳胶（液态）一车（集装箱站到门运输），8 月 24 日货物送达至收货人指定卸车地点打开箱门时，液袋内的乳胶倾泻而出，全箱货物发生漏损。

【案例 5-7-4】入箱液体货物破损发生渗漏

2018 年 4 月 9 日，A 站装运的自二重 2，其中一个集装箱所装豆油的液体包装袋途中破损，造成货物途中渗漏，甩车处理。

安全卡控措施：

一是货运员要检查核实货物品名为非危险货物。

二是要检查确认货物包装完好，无渗漏。

三是使用液袋装运时，须按集团公司《铁路集装箱运输管理实施细则》规定报集团公司货运部审批后执行。

四是液体货物装箱，均须在货场内充分静置，货运人员重点检查。

五是与托运人签订包装良好承诺书。

【案例 5-7-5】危险货物入箱且理化性质相抵的货物混装

2018 年 5 月 24 日，A 站使用集装箱装运 84 消毒液和洁厕精，未判别是否为危险货物，且两种物品理化性质相抵触，途中包装破损，货物撒漏后发生化学反应产生氯气和水蒸气，造成冒烟现象，途中甩车处理。

安全卡控措施：

一是混装货物入箱的，办理站执行集团公司混装货物运输安检查危规定，认真审核托运人提供的物品清单，禁止危险品混装运输。

二是办理站需要求托运人在货物运单背书签字盖

章，并告知托运人须如实提供物品清单。

【案例 5-7-6】集装箱配装违规

2017 年 7 月 6 日，A 站装载集装箱（军品）35 车，其中一车（车号 C_{64K} 4811334）经 B 站超偏载检测发现偏重 10.9 t。经调查，该车装载一组 20 英尺集装箱，重量分别为 7.84 t、11.96 t，两集装箱重量之差达 4.12 t，专用线货运员没有及时发现配装不合理的问题，违反集团公司“敞车装运 20 英尺集装箱时，两箱重量差不大于 3 t”的规定。

【案例 5-7-7】集装箱超载

2019 年 7 月 19 日，A 站发 B 站 20 英尺集装箱 1 组（车号：BX_{1K} 5300163，品名：硅砂），经 C 站超偏载检测发现超载 5.1 t。经调查，该车装载集装箱出站使用的运输车辆因故障临时更换后，车辆自重发生变化，拖车司机未向司磅货运人员说明，货运人员凭经验采用历史自重记录；同时反映车间安全风险研判分析不到位，未将过衡检斤拖挂车车辆自重变化纳入超偏载风险项点管控。

主要原因：

一是液袋技术条件不符合要求，标准液袋应标示生产企业的代号、追溯号，但现场液袋包装仅一行数字 DP02412316121585，未包含技术参数信息。

二是液袋配套使用的门挡技术条件不符合要求，按照规定钢质门挡每副门挡的横梁不少于 4 根，竖挡不少于 7 根，选用抗弯强度不低于 Q235 的钢材。现场门挡采用独立的横梁五根，无竖挡，镀锌空心方管厚度 1.2 mm，未达到 Q235 的厚度不低于 2.0 mm 的要求。

三是运单填写不规范，漏填重要安全信息，液袋货物装箱时，托运人应在货物运单"托运人记载事项栏"内注明"液袋"字样。实际运单托运人记载事项栏无该内容。

四是液袋装载货物重量超重，袋体、门挡和所装液体总重不得超过 21.5 t。实际运单记载的货物重量为：箱号 2136753 为 20.5 t，箱号 4107841 为 21.9 t，超过 21.5 t 的上限，托运人装箱重量超重。

附录 1

集装箱运输业务申报模板

关于×××站修改集装箱办理站名表有关内容的申请

中国铁路××局集团有限公司货运部：

我中心(或站段)管内××站货场(或××专用线)因货物运输需要申请开通集装箱运输业务，经中心相关科室调研核实，确认其装卸设备、场地、货源情况真实，且符合开通集装箱运输业务相关条件，现特申请开办 20 英尺标准箱、40 英尺标准箱以及 20 英尺 35 t 集装箱发到业务。具体满足条件如下：

1. 货运站(含铁路专用线、专用铁路)名称：××××。

2. 装卸线路：装卸线 2 条，货 1 道，有效长×××m；货 2 道，有效长×××m。

3. 起重能力：龙门吊，型号：××××，最大起重能力××t，龙门吊产权所有人：××××××，该龙门吊具备超偏载检测和防摇功能。

4. 集装箱堆场：×××m^2，可堆放集装箱约×××TEU(注明堆场面积和可堆放集装箱数量)。

5. 计量称重设备：装载机电子秤，型号：T2000B1(注明计量称重设备名称和型号)。

6. 主要发送(或到达)货源品类：碎石、石灰石。

7. 适箱货源预计年运量：预计每年发往×××、×××、×××等办理站集装箱运量共约×××TEU。

8. 特种箱或专用箱装卸机械设施设备：名称：×××，简要信息描述。

附件：

1. 装卸机械“起重机检验报告”及起重机现场照片
2. 计量称重设备“检定证书”及计量称重设备现场照片
3. 堆场、装卸线路照片
4. 特种箱或专用箱装卸机械设施设备相关证件及现场照片
5. 其他需要补充说明的资料

××中心

二〇××年×月×日

（联系人：　　　　办公电话：　　　　手机：　　　　）

附录 2

协议编号：

铁路集装箱出站使用协议

甲方：（铁路单位）____________________________

乙方：（客户名称）____________________________

为加强铁路箱运输管理，发展铁路箱门到门运输，加快铁路箱周转，保障出站使用铁路箱资产安全和运输安全，按照平等自愿的原则，甲乙双方经友好协商制定本协议，供双方遵照执行。

第一条　甲方责任

1. 根据乙方需求提供箱体状态良好的铁路箱。

2. 对乙方到达铁路箱，及时发出催领通知。

3. 对乙方出站使用铁路箱，及时办理铁路箱出站手续。

4. 进出站时，按规定检查确认铁路箱的箱体状态。

5. 审核乙方装箱货物的物品清单、磅单等资料。

6. 对因甲方责任导致的货物损失向乙方赔偿。

7. 组织乙方相关人员开展铁路箱安全管理及装卸作业培训。

8. 告知乙方铁路箱出站使用其他相关规定。

第二条　乙方责任

1. 指定专人负责铁路箱门到门运输业务，参加甲方组织的相关业务培训；配备和使用能够保证铁路箱运输安全的专用车辆。

2. 对所装货物真实性负完全责任，如实填记装箱货物品名，提供装载清单、磅单和装箱过程照片等资料。

3. 所装货物不得腐蚀、损坏箱体，装箱时必须码放稳固、装载均衡，不超载、不集重、不偏重、不偏载，装卸箱时不砸撞箱体。

4. 对发送铁路箱施封或苫盖篷布，对箱门、盖、阀、盒等进行加固，并按规定拍照备查。

5. 及时组织掏装箱，按照双方约定铁路箱出站使用期限及时向甲方交还铁路箱。

6. 因乙方责任导致的损失向甲方赔偿。

7. 铁路箱进出站时，按规定检查确认铁路箱的箱体状态。

8. 遵守铁路箱管理其他相关规定，履行相关义务。

第三条　出站使用期限

乙方可在________站出站使用铁路箱，其中重去空回或空去重回时，应于领取的________送回；重去重回时，应于领取的________内送回，超过上述期限的，甲方按规定向乙方核收集装箱延期使用费。因乙方原因空去空回时，甲方于出站之日起向乙方核收集装箱延期使用费。

第四条　进出站检查

1. “铁路箱出站单”是铁路箱进出站和甲乙双方箱体状态交接的凭证。空箱凭箱号和箱体外状交接，重箱凭箱号、施封状态和箱体外状交接。交接铁路箱时，乙方须认真检查箱体，发现箱体损坏，须由甲方更换铁路箱或对箱体外状进行书面签认后，方可接收；甲方发现箱体损坏，须由乙方对箱体外状进行书面签认后接收。

2. 铁路箱进出站时，甲乙双方共同检查铁路箱箱体状态，箱门、盖、阀、盒等加固情况，发现问题，需妥善处理后交接。

3. 甲方对乙方装载货物有疑问时，甲方有权要求乙方开箱检查，乙方应主动开箱配合检查。

第五条　保证金管理

1. 在本协议签订后，铁路箱出站使用前，乙方向甲方缴纳履约保证金________万元。如履约保证金因发生赔偿导致余额不足时，乙方须于甲方发出通知后五个工作日内补足。乙方向甲方交纳或补充履约保证金的方式采取乙方向甲方单位固定账号汇款的方式：

开户名称：________________________

开户银行：________________________

银行账号：________________________

2. 履约保证金双方互不清算利息，协议终止后由甲方退还乙方。

第六条　违约处罚

1. 对因乙方责任造成集装箱破损、丢失、污染等情况，由乙方按当期集装箱造价或实际维修费用负责赔偿并支付赔偿金，否则将从履约保证金中扣除。

2. 乙方发送集装箱内装载不良导致超载、集重、偏重、偏载，恶意匿报品名、夹带危险品等情况时，按乙方违约处理，并承担相关法律责任。同时甲方有权视情节轻重及造成的后果和影响，从乙方履约保证金中扣除违约赔偿金。

3. 铁路箱出站时间超过出站使用期限的，乙方须自超过之日起按规定向甲方支付集装箱延期使用费，否则从履约保证金中扣除。

第七条　协议终止情况

1. 因乙方责任导致发生铁路交通事故、货物损失或其他危害公共安全事件。

2. 履约保证金不足，甲方发出补缴通知后超过五个工作日未缴齐的。

3. 发生铁路箱装载货物恶意匿报品名、夹带危险品的。

4. 发生铁路箱丢失、被盗的。

5. 铁路箱出站时间过长，严重影响集装箱使用效率。

6. 其他危及铁路运输安全的。

7. 经甲乙双方协商一致同意终止的。

第八条　双方需要约定的其他事项：

____

____

____

第九条　本协议一式两份，甲、乙双方各一份，有效期自______年____月____日起至______年____月____日止。

甲方(盖章):　　　　　　　　　　乙方(盖章):

负责人签名:　　　　　　　　　　负责人签名:

年　月　日　　　　　　　　　　年　月　日

附录 3

铁路箱出站单

________站存查　　　　　　　　　　　　　　甲联

No. ××××××

<table>
<tr><td colspan="8">出　站　填　记(空　重)</td></tr>
<tr><td>托运/收货人</td><td colspan="5"></td><td>调度命令号</td><td></td></tr>
<tr><td>到站/运单号</td><td></td><td>箱型箱号</td><td colspan="3"></td><td>接收站</td><td></td></tr>
<tr><td>箱体状况</td><td colspan="4">割伤C．　擦伤B．　破洞H．
凹损D．　破损BR．
部件缺失M．　污箱DR．</td><td colspan="3">如有异状，请注明程度和尺寸</td></tr>
<tr><td>领箱人</td><td colspan="5"></td><td>备注</td><td></td></tr>
<tr><td>搬出汽车号</td><td></td><td>破损记录号</td><td></td><td>车站经办人</td><td></td><td>出站日期</td><td></td></tr>
<tr><td colspan="8">进　站　填　记(空　重)</td></tr>
<tr><td>箱体状况</td><td colspan="4">割伤C．　擦伤B．　破洞H．
凹损D．　破损BR．
部件缺失M．　污箱DR．</td><td colspan="3">如有异状，请注明程度和尺寸</td></tr>
<tr><td>还箱人</td><td colspan="5"></td><td>备注</td><td></td></tr>
<tr><td>搬入汽车号</td><td></td><td>破损记录号</td><td></td><td>车站经办人</td><td></td><td>进站日期</td><td></td></tr>
</table>

门卫验放：(章)

说明：1. 铁路箱空箱出站时，将收货人、运单号抹消；重箱出站时，将托运人、到站抹消。

2. 甲、乙联可用不同颜色印制。

3. 各站可根据管理需要，增加联数。

附录 4

________车间集装箱装箱方法

J-001

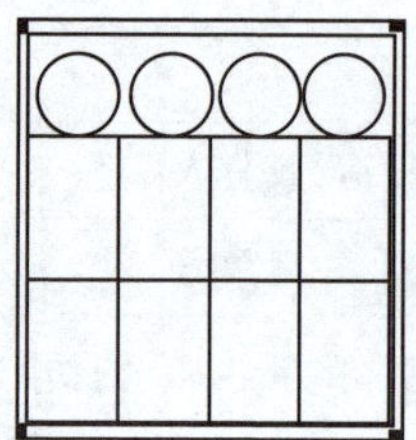

（制作装箱侧视图、俯视图和端视图，要求能反映货物堆码简况）

一、货物品名：

注明货物详细品名，有包装的须注明货物包装（如“纤维袋、麻袋、纸箱、编织袋”等）。例：瓷砖（木箱）。

二、货物规格

1. 外形尺寸：描述货物的长（mm）×宽（mm）×高（mm），可以以取值方式进行描述，但取值范围不得超过 200 mm（件重 1 t 以上的货物取值范围不得超过 500 mm）。

2. 件重：描述货物的单件重量，可以以取值方式进行描述，但取值范围不得超过 20 kg（件重 1 t 以上的货物取值范围不得超过 500 kg）。

三、准用箱型

20 英尺、40 英尺通用集装箱、自备箱、专用箱和特种货物箱注明集装箱类型。例:20 英尺 35 t 敞顶箱。

四、装箱方法

1. 须使用加固材料和装置的，描述装载加固材料和装置的具体规格和尺寸。

2. 介绍货物的装载方法(尤其注意要从箱里端往箱门方向进行表述)，包括纵向装几列、横向装几行(统一规定表述:横向称行，纵向称列)，分别码高多少件;顶层货物允许沿集装箱横中心线对称增减件数(但须注明“中部货物不得随意增减”)，且必须坚持集装箱箱内均衡装载。

3. 使用装载加固材料和装置的，要明确加固方法、加固位置。

五、其他要求

1. 全箱装载总重不得超过箱体标记载重。

2. 装箱后用 10 号镀锌铁线加固箱门。

3. 货物不得窜动、偏重、偏载。

4. 提供装箱作业指导图。

集装箱装箱示例如附图 5.1 所示。

(a)

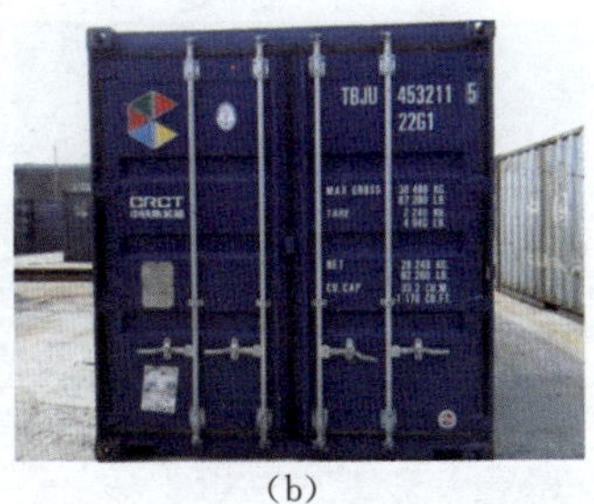

(b)

附图　5.1

(c)

(d)

附图 5.1　集装箱装箱示例

附录 5

通用集装箱在铁路车站检查的技术要求
（TB/T 3207—2008）

1. 技术检查内容

(1)箱体外部的检查内容:

①侧壁版、端板及顶板:有无凹陷、裂缝、孔洞或锈蚀;

②角柱:有无弯曲、裂缝或变形;

③前后端上下梁及上下侧梁、门端上下梁:有无弯曲、断裂或锈蚀;

④角件:有无裂缝、损坏;

⑤底结构:底槽梁及附件有无弯曲、变形或断裂,与下侧梁及底板是否脱离;

⑥箱门:门板有无锈蚀、裂缝、孔洞或明显变形;箱门各附件是否齐全、有无变形或损坏,箱门密封、锁闭是否完好;

⑦焊缝:箱体各部构件连续焊缝有无开焊或裂纹;

⑧标志:标志有无脱落、模糊不清或失效;

⑨箱号:核对箱体、箱门号是否与牌照一致;

⑩封印:有无损坏或脱落,施封是否有效,封号是否与运单记载相符;

漆表面:是否漆膜受损时金属外漏;

清洁状况:有无严重污秽或溢出物。

(2)箱体内部的检查内容:

①侧壁版、端壁及顶板：有无凹陷、裂缝、孔洞或锈蚀；

②护角板：有无弯曲、弓形或凹陷；

③沟槽板：有无孔洞、裂缝透光、曲翘、脏污或凿痕；

④侧壁板、端壁波纹内：是否有污垢、污染物；

⑤漆表面：是否漆膜受损使金属外漏；

⑥箱体内（非通风集装箱）：在箱内，关严箱门目测是否透光，是否存有发出持久不散异味的残留物。

2. 容许损伤

(1)金属构件非因接触外部物质而产生的锈蚀，在擦伤或凹陷部分涂漆或未涂漆。

(2)集装箱表面油漆非因污染而致破坏或褪色。

(3)不影响结构完整性的角件的磨损、表面锈蚀。

(4)未造成零件、紧固件松动，透光、漏水现象发生的门封条及附件老化、锈蚀。

(5)标志褪色，但不影响标志内容完整。

3. 非容许损伤

(1)箱体外部非容许损伤。

序号	构件	缺陷状况	非容许损伤
1	侧壁板、端板、顶板、门板	个别凹陷、弯曲弓形	变形深度大于50 mm
2	前后端上下梁及上下侧梁	离角件 250 mm 范围内弯曲、凹坑	严重损伤
3	下侧梁、门端下梁、顶板	弯曲、弓形、凹坑	变形深度大于50 mm
4	上侧梁	弯曲、弓形、凹坑	变形深度大于30 mm

续上表

序号	构件	缺陷状况	非容许损伤
5	前后角柱	弯曲、弓形、凹坑等单个变形	变形深度大于30 mm
		单个角柱上有两个及以上凹坑	变形深度大于15 mm
6	门端上梁	弯曲、弓形、凹坑	变形深度大于30 mm
7	雨水槽、门端上下梁、后角柱、箱门组件	变形	妨碍箱门关闭活动、栓固、锁闭、密封
8	框架、侧壁板、端壁、顶板门板、箱底结构	断裂、撕裂、裂纹、孔洞、磨损、弯曲、凹坑、弓形、锈蚀	影响集装箱结构完整性或水密性
9	侧壁板、端壁漆表面	油漆面受侵蚀造成表面剥落	油漆剥落面积累计超过本板面积25%
10	箱门附件门锁装置	断裂、缺损或严重变形	无法锁闭
11	焊接的附件焊缝	开焊	目测有可见裂缝
12	零件、紧固件	松动、破损、丢失	影响箱门关闭或水密性
13	牌照	松动、破损、丢失、字迹模糊	牌照丢失或严重损伤
14	标记、标志		箱体标志与牌照箱号不一致

(2)箱体内部非容许损伤。

序号	构件	缺陷状况	非容许损伤
1	侧壁板、前端壁	沿箱板方向产生弓形变形	箱内尺寸减少量大于50 mm
2	护角板	弯曲、弓形、凹坑	箱内尺寸减少量大于50 mm

续上表

序号	构件	缺陷状况	非容许损伤
3	底板	孔洞、缝隙透光、曲翘	影响集装箱结构完整性或水密性
		凿痕	深度大于 15 mm 或凿痕宽度大于 150 mm，深度大于 5 mm
4	箱体内清洁	有污垢或污秽物	有污垢、污染物或持久不散的异味
5	侧壁板、端板漆表面	油漆遭受腐蚀性货物或溢出物侵蚀，因散装货物的摩擦使漆膜受损而致金属外漏，并影响到箱内整块表面	油漆剥落面积累计超过本板面积 25%
6	箱体内	关严箱门在箱内目测有漏光	透光

附录 6

货物托运安全承诺书

托运人名称		联系电话	
收货人名称		联系电话	
发　站		到　站	
货物品名		总件数	
物品清单		鉴定书	

承　诺　事　项

根据《中华人民共和国铁路法》《铁路安全管理条例》，托运货物必须遵守国家关于禁止或者限制运输物品的规定；托运人托运货物，不得匿报、谎报货物品名、性质、重量，不得在普通货物中夹带危险货物。

依据《铁路安全管理条例》第九十六条规定，托运人托运货物时，将危险货物谎报或者匿报为普通货物托运的，或在普通货物中夹带危险货物，由铁路监督管理机构依法处置。依据《中华人民共和国铁路法》第六十条规定，以非危险品品名托运危险品，导致发生重大事故的，依照刑法有关规定追究刑事责任。

本公司(本人)已阅知上述法律法规规定。承诺申报的货物运单和物品清单所填记事项真实，与实际货物相符，没有匿报、错报货物品名。托运的货物没有危险货物，没有国家法律法规及铁路部门禁止托运或混装的货物。违反此承诺造成的一切法律责任及后果由本公司(本人)承担。

承诺人：公司/个人(盖章/签字)

日　期：　　年　　月　　日

说明：1. 一批货物有两种以上品名的货物须附物品清单。

2. 对新品名或物理化学性质不明的货物，须提供具备鉴定资质单位出具的非危险货物“鉴定书”。

附录 7

________站集装箱装卸车作业质量签认单

________线________年____月____日

序号	装卸作业重点事项
1	□卸车前，检查集装箱、车辆和装载状态有无异状，施封是否良好。
2	□卸车时，应核对运单、箱号和封印，检查箱体状态，发现箱体损坏时，按规定编制“铁路箱破损记录”。
3	□安装 F-TR 型锁的集装箱专用平车或共用平车卸车时，须确认箱车完全分离后再进行后续作业。
4	□卸车后，应将车体、车地板清扫干净，关好车门、车窗。
卸车情况	卸车数________平车________敞车________
5	□集装箱装车时，须清扫干净车地板，确认箱体、车体上无杂物。
6	□使用集装箱专用平车或共用平车装车时，须确认车辆锁头、状态良好；装车后，确认锁头完全入位，箱门处门挡立起。
7	□未安装 F-TR 型锁的集装箱平车或共用平车装运空箱时，须使用 4 股以上 8 号镀锌铁线捆绑。
8	□集装箱装车时，核查箱号、箱体和施封情况；特种箱和专用箱装车时，检查箱门、盖阀关闭情况。
9	□空集装箱运输时，须关紧箱门并用 10 号镀锌铁线拧固。装车前，须确认空箱状态。
10	□进入青藏线格拉段(不含格尔木站)、拉日线和发往台州南站的重集装箱禁止使用敞车装运，空集装箱(板架式集装箱除外)禁止使用未安装 F-TR 锁的集装箱专用车装运。 到站：　　　　　　　　车号：
11	□使用敞车装运 2 个 20 英尺重箱时，两箱重量差不得超过 3 t，使用平车时，不得超过 5 t。
12	□使用 C_{70} 型车辆装运 20 英尺重集装箱时，采取防偏重的措施。

续上表

<table>
<tr><th>序号</th><th colspan="6">装卸作业重点事项</th></tr>
<tr><td>13</td><td colspan="6">□35 t 敞顶箱苫盖篷布的，装车前须检查确认篷布苫盖质量良好。</td></tr>
<tr><td>装车情况</td><td colspan="6">装车数________平车________敞车________</td></tr>
<tr><td>质量签认</td><td>货运员
（企业运输员）</td><td></td><td>装卸工组</td><td></td><td>值班员
（干部）</td><td></td></tr>
<tr><td colspan="7">备注：办理站可根据实际增加内容。</td></tr>
</table>

附录 8

铁路空箱汽车调拨单

调拨单位(印章)　　　　　　调拨号码：　　　　　　调拨日期：

箱型	调出站	接收站	客户名称	申请箱数	申请箱号	批准箱数	批准箱号
20 英尺							
40 英尺							

经办人：　　　　　　　　　　　联系电话：

备注：

1. 调拨号码共 12 位，前 2 位为货运中心简称首字母(长沙：CS，怀化：HH，广州：GZ，佛山：FS，惠州：HZ，海口：HK，平南：PN)，中间 8 位为年月日，后 2 位为编号。例如广州中心 2019 年 1 月 1 日第 01 号铁路空箱汽车调拨单的调拨号码为：GZ2019010101。

2. 本调拨单一式两联，一份调出站留存，一份交提箱人，还箱后接收站留存。

附录 9

铁路箱破损记录

甲联

No. ××××××

箱型________ 箱号________

1. 发站________ 发局________ 托运人________
2. 到站________ 到局________ 收货人________
3. 运单号________ ____年____月____日承运
4. 车种车号________
5. 发现集装箱损坏地点________
6. 损坏部位。按下面符号所示内容填在视图上。

门端

左门　右门　地板(面向箱内)　箱底　前端

左侧　右侧

面向箱门左侧　面向箱门右侧　箱顶

状态代号：割伤[C]．擦伤[B]．破洞[H]．凹损[D]．破损[BR]．部件缺失[M]．污箱[DR]．

7. 损坏原因和程度________
8. 责任者(签章)________
9. 装卸或货运主任(签章)________
10. 填写单位：________(章)　填写人：________
11. ____年____月____日

说明：1. 本记录一式三份，一份编制记录站存查，一份交责任者，一份随箱同行。

2. 本记录留存 2 年。

附录 10

________站铁路箱修理通知书

甲联

No. ××××××

箱型		箱号		修理类别		验箱师	
扣修时间		送修时间				修竣时间	
主要损坏部位及状态代号(扣箱时填写):							
门端 左门 右门; 地板; 箱底; 前端; 左侧 面向箱门左侧; 右侧 面向箱门右侧; 箱顶 状态代号:割伤 C . 擦伤 B . 破洞 H . 凹损 D . 破损 BR . 部件缺失 M . 污箱 DR .							
修理部位及内容代码(验箱时填写):							
送 修 单 位:________(签章) 修 理 单 位:________(签章) 修理箱送修人:________(签章) 修理箱接收人:________(签章) 修竣箱接收人:________(签章) 修竣箱返还人:________(签章)							

注:1. 本通知单一箱一单,一式四联,甲联只填送修部分,乙、丙、丁联还需填写修竣部分。

2. 扣修时,在图形的相应损坏部位标注损坏状态代号,并记明详细情况。

3. 本通知单作为:

①车站对铁路箱送修和修竣接收的依据(甲、丙联),由车站存。

②查定铁路箱修理时间和在修箱数量的依据(乙联),由箱修点存。

③结算铁路箱修理费用的原始依据(丁联),由验箱师交集装箱产权单位存。

4. 本通知书留存 2 年。

附录 11

两用平车及集装箱专用平车主要技术参数

序号	车型	批准车型时间	换长	自重(t)	载重(t)	地板面距轨面高(mm)	轴数	车底架尺寸(mm)	车辆定距(mm)	固定轴距(mm)	商业运行速度(km/h)	车辆最大外形尺寸(宽×高)(mm)
1	NX_{17}	2001-07-01	1.3	22.1	60	1 211	4	13 000×2 980	9 000	1 750	100	3 176×1 937
2	NX_{17A}	2001-07-01	1.3	22.5	60	1 211	4	13 000×2 980	9 000	1 750	100	3 176×1 937
3	NX_{17AK}	2004-02-23	1.3	22.9	60	1 211	4	13 000×2 980	9 000	1 750	120	3 176×1 937
4	NX_{17AT}	2002-03-13	1.3	22.9	60	1 211	4	13 000×2 980	9 000	1 750	120	3 176×1 937
5	NX_{17B}	2001-07-01	1.5	22.3	61	1 213	4	15 400×2 960	10 920	1 750	100	3 165×1 942
6	NX_{17BH}	2003-07-11	1.5	22.9	61	1 207	4	15 400×2 960	10 920	1 750	120	3 157×1 409
7	NX_{17BK}	2002-06-14	1.5	22.9	61	1 214	4	15 400×2 960	10 920	1 750	120	3 157×1 416
8	NX_{17BT}	2001-07-02	1.5	22.9	61	1 216	4	15 400×2 960	10 920	1 750	120	3 157×1 418
9	NX_{17K}	2002-01-16	1.3	22.4	60	1 212	4	13 000×2 980	9 000	1 750	120	3 170×1 486
10	NX_{17T}	2001-07-02	1.3	22.5	60	1 216	4	13 000×2 980	9 000	1 750	120	3 170×1 490
11	NX_{70}	2005-09-16	1.5	23.8	70	1216	4	15 400×2 960	10 920	1 830	120	3 157×1 418
12	$NX_{70A(N70)}$	2009-07-02	1.3	23.8	70	承载面 1 216	4	13 000×2 980	9 000	1 830	120	最宽 3 180
13	X_{1K}	1999-04-09	1.4	19.8	50	1 160	4	13 800×3 090	9 700	1 800	120	3 170×1 549
14	X_{2H}	2004-03-01	1.8	21.8	78t	190	4	18 500×2 912	15 666	1 800	120	3 120×1 815

续上表

序号	车型	批准车型时间	换长	自重(t)	载重(t)	地板面距轨面高(mm)	轴数	车底架尺寸(mm)	车辆定距(mm)	固定轴距(mm)	商业运行速度(km/h)	车辆最大外形尺寸(宽×高)(mm)
15	X_{2K}	2004-03-01	1.8	22	78 t	190	4	18 500×2 912	15 666	1 830	120	3 120×1 815
16	X_{3K}	2004-08-13	1.8	21.4	61	1 159	4	18 400×2 750	14 600	1 750	120	2 926×1 860
17	X_{3TEU}	1995-06-17	1.7	21	61	1 159	4	18 400×2 750	14 600	1 750	85	2 926×1 860
18	X_{4K}	2006-03-06	1.8	21.8	72	1 140	4	18 400×2 656	14 200	1 830	120	2 890×1 430
19	X_{6A}	1989-01-09	1.3	17.8	60	1 162	4	13 000×3 070	9 300	1 750	100	3 224×1 600
20	X_{6AT}	2001-07-02	1.3	18.2	60	1 162	4	13 000×3 070	9 300	1 750	100	3 224×1 600
21	X_{6B}	1995-12-27	1.5	22.4	60	1 160	4	15 400×2 970	10 920	1 750	100	3 224×1 600
22	X_{6BK}	2005-04-25	1.5	22.8	60	1 160	4	15 400×2 970	10 920	1 750	120	3 224×1 600
23	X_{6BT}	2001-07-02	1.5	22.8	60	1 160	4	15 400×2 970	10 920	1 750	100	3 224×1 600
24	X_{6C}	1997-08-07	1.5	20	60	1 160	4	15 400×3 030	10 920	1 750	100	3 224×1 600
25	X_{6CK}	2005-04-25	1.5	20.4	60	1 160	4	15 400×3 030	10 920	1 750	120	3 224×1 600
26	X_{6CT}	2001-07-02	1.5	20.4	60	1 160	4	15 400×3 030	10 920	1 750	100	3 224×1 600
27	X_{6H}	2003-07-11	1.5	21	61	1 160	4	15 400×3 030	10 920	1 750	120	3 220×1 408
28	X_{6K}	2006-02-01	1.2	18	61	1 170	4	12 300×2 750	8 900	1 750	120	2 825×1 480
29	X_{70}	2010-06-18	1.2	22.4	70	承载面 1 169	4	12 500×2 980	9 000	1 830	120	最宽 3 164